LE GUERRIER GAULOIS

du Hallstatt à la conquête romaine

Illustration de couverture

Quelque part en Europe, vers -250. Un chef gaulois entouré de son état-major prend connaissance des positions ennemies avant la bataille (Association Les Leuki).

Remerciements

Depuis quelques années, des associations de reconstitution sérieuses tentent – du mieux qu'elles le peuvent – de restituer les costumes, les équipements et les gestes de « nos ancêtres » les Gaulois. Elles sont toutefois peu nombreuses, car ailleurs, beaucoup continuent malheureusement de véhiculer des images d'Épinal, voire des idées peu recommandables… Je tiens à faire la distinction et saluer les troupes de passionnés qui font un travail remarquable (avec l'aide souvent d'archéologues professionnels). Celui-ci exige un effort considérable et une remise en question permanente, tant dans l'interprétation des sources que dans l'élaboration des équipements. Les zones d'ombre sont nombreuses et les difficultés sont bien réelles ; certaines interprétations peuvent donc être discutables et ne sont en aucun cas définitives. Toutefois, elles ont le mérite d'exister et contribuent à mieux comprendre la vie des hommes de l'Antiquité.

Publier un livre traitant des guerriers gaulois, contenant une quinzaine de personnages, peut paraître encore aujourd'hui audacieux. Je remercie Frédéric Lontcho et les Éditions Errance d'avoir osé relever ce défi et de m'avoir fait confiance. Le manque cruel de diversité parmi les associations de reconstitutions existantes (la plupart ressuscitent seulement les Gaulois de La Tène finale) m'a obligé à fabriquer en grande partie les équipements présentés. Je tiens donc également à remercier les scientifiques qui ont contribué à ce travail de longue haleine en me fournissant la documentation nécessaire : Antide Viand, Michaël Landolt (pour la nécropole de Chaillon), Stéphane Gaudefroy, André Rapin, Yves Lebechenec (pour la nécropole de Bobigny), Alain Deyber, ainsi que Frédéric Masse, restaurateur à l'IRRAP, et Michel Feugère pour ses quelques précisions ; et tout particulièrement Thierry Luginbühl, de l'Université de Lausanne, pour la relecture et les corrections des résumés historiques.

Je remercie également les personnes qui ont participé de près ou de loin aux réalisations des photographies : Didier Louis et Pascal Brice (Maire et adjoint de Villers les Moivrons) pour le prêt du terrain nécessaire à l'installation du campement de l'association Les Leuki, Gilles Betker pour ses clichés de l'association Les Leuki réalisés spécialement pour cet ouvrage, ainsi que Gisèle Daumas pour les montages et retouches numériques et Éric Reeb ; Werner Bodensteiner propriétaire du char de combat présenté en p. 46-49, et Andreas Bräunling qui ont fourni les clichés, ainsi que Stéfanie et Armand Mathy, et Éric Bizet pour leurs qualités d'interprètes auprès de nos amis allemands ; et enfin Philippe Rudrauf pour ses résultats concernant l'armée en marche.

Ma gratitude va également à mon épouse et mes enfants, mes parents, mon frère et ma sœur et leurs conjoints, qui m'ont soutenu, encouragé et aidé, ainsi que tous mes amis de l'association « Les Leuki » et des autres troupes, dont certains ont accepté de poser pour cet ouvrage (par ordre d'apparition) : Stefan Jaroschinski (Projekt Hallstatt), Patrick Boos (Les Gaulois d'Esse), Pierrot Fechtig, Yann Monet, Franck Mathieu, Julien Dupuis, Julien Varcin, Christophe Henry et Stéphane Joseph, Julien L'hostie, Pierre André Kanape, Bertrand Marie, Jérémy Mathieu et Franck Mathieu, Andreas Bräunling (HDGM), Ludovic Moignet (Les Ambiani), Stéphane Gaudefroy (Les Ambiani), Pascal Dérumaux (Pax Augusta). Les « apprentis guerriers » Pierre Mathieu et Alexandre L'hostis, nos douces compagnes pour le bivouac, Marjorie Mathieu, Carole Jeanson, Peggy L'hostis et les petites Ambre et Ivana. Ainsi que Thierry Jacquot, Stéphane Joseph, Patrick Apuzzo et Pascal Minne.

Enfin, je remercie et je salue mon grand ami François Gilbert qui n'a pu résister à la tentation d'écrire le texte du tout dernier personnage, « l'auxiliaire gaulois » ; il m'a permis de réaliser cet ouvrage en faisant preuve d'une disponibilité sans faille et m'a continuellement aiguillé dans l'élaboration de ce premier ouvrage.

Je dédie ce livre à Maya et Patricia.

© Éditions Errance, Paris, 2007
7, rue Jean-du-Bellay - 75004 Paris
Tél. : 01 43 26 85 82 - Fax. : 01 43 29 34 88
ISBN : 978-2-87772-367-1

LE GUERRIER GAULOIS

du Hallstatt à la conquête romaine

Franck Mathieu

Collection "Histoire Vivante"

Avant-propos

« Nous sommes en 50 avant Jésus-Christ. Toute la Gaule est occupée par les Romains… Toute ? Non ! Un village peuplé d'irréductibles Gaulois résiste encore et toujours à l'envahisseur… », etc.

Tout le monde reconnaîtra cette introduction, qui pourrait presque passer aujourd'hui pour l'un des textes fondateurs de l'histoire de la Gaule, tant il nous a été rabâché ! Comment, en effet, ne pas évoquer Astérix et Obélix en préface d'un ouvrage sur les guerriers gaulois ? Voudrait-on y échapper, qu'on ne le pourrait pas de toute façon, tellement ces personnages sont désormais inscrits dans la culture populaire. Depuis tant d'années à traîner mes *caligæ* de légionnaire sur les principaux événements de reconstitution antique, en France et ailleurs, au côté des meilleurs groupes gaulois, pas une seule fois je n'ai pu éviter les mêmes clichés, de la part du public comme de la presse d'ailleurs. À leurs yeux, le guerrier gaulois porte immanquablement des moustaches hirsutes, des nattes, un casque surmonté de cornes ou d'ailes déployées. Il n'a le plus souvent pas de bouclier ni de lance, mais assomme ses ennemis à poings nus. Il est querelleur et gouailleur, « baffreur » et indiscipliné. Sa stratégie est inexistante, et il préfère « foncer dans le tas ». Bien que sympathique, cette bande dessinée a fait des dégâts dans les esprits peu éduqués aux cultures anciennes. Mais ne lui jetons pas la pierre, car elle n'a fait rien moins que reprendre la plupart des stéréotypes établis dès le Second Empire et la Troisième République. Et d'ailleurs, n'a t-elle pas tout simplement développé l'intérêt du public pour l'Antiquité ?

À travers ces quelques images, nous n'abordons là que des points de détail. D'une manière plus générale, à écouter ce même public, les Gaulois, unifiés et bien tranquilles à l'intérieur de leurs frontières, qui ne demandaient rien à personne, ont été surpris par un ennemi cruel… Cette vision manichéenne ne correspond évidemment pas à la réalité historique. Ces gens ont du mal à croire que l'Italie a été envahie par les Celtes bien avant que les Romains ne viennent se promener en Gaule ; que ces Gaulois n'étaient pas uniquement préoccupés à chasser le sanglier et couper du gui pour en faire des tisanes, mais qu'ils formaient un ensemble de peuples belliqueux, plus craints que la peste dans tout le monde antique ; que les Gaulois ne constituaient pas une « nation », mais qu'ils se faisaient continuellement la guerre, et que les Romains soumirent la Gaule avec l'aide de certaines tribus et de chefs, comme – coup de grâce ! – le célèbre Vercingétorix !

C'est l'un des nombreux mérites de cet ouvrage que de rappeler un certain nombre de vérités, et de nous raconter une histoire bien plus ancienne qu'on n'a coutume de le croire. Notre connaissance des Gaulois a heureusement fait de considérables progrès grâce aux fouilles archéologiques menées ces dernières décennies, notamment sur la question des panoplies militaires. Mais il manquait un véritable travail de restitution et d'expérimentation en aval pour comprendre la raison d'être et le fonctionnement, individuel ou collectif, de ces pièces d'armement et d'équipement. Avec toujours plus de sérieux, quelques groupes de reconstitution se sont attelés à la tâche, et les hypothèses qu'ils annoncent aujourd'hui méritent le plus grand intérêt.

Pour écrire ce livre, le choix de l'auteur s'imposait de lui-même. Il n'y avait qu'un homme en France capable d'un tel travail, qui devait en effet combiner une bonne connaissance de la civilisation celtique en général, et en particulier sur le plan guerrier – et ce, sur huit siècles d'histoire –; une expérience confirmée de reconstituteur-expérimentateur; et, plus compliqué, un talent d'artisan hors pair pour fabriquer le plus fidèlement possible les panoplies fournies par les fouilles et l'iconographie. Cet oiseau rare, c'est mon ami Franck Mathieu, chef des terribles Leuki du Nord-Est qui nous ont si souvent malmenés sur le champ de bataille (et plus encore durant la troisième mi-temps). Ses multiples compétences trouvent ici une très belle synthèse. Presque tous les équipements qui illustrent ces pages sont nés de ses mains habiles et ont été testés dans des conditions aussi proches que possible de la réalité, autant que faire se peut. Ses conclusions notamment sur l'utilisation des chaînes de suspension d'épée font désormais date.

C'est donc avec beaucoup d'amitié et une grande admiration que j'ai suivi le travail de Franck Mathieu, et sans doute suis-je plus fier de ce livre qu'il ne le sera lui-même, qui regrettera tout naturellement de n'avoir pas plus fabriqué, plus essayé, plus écrit. Mais ce livre est unique, et sans doute le restera-t-il encore longtemps. Car pour la première fois, le guerrier gaulois ne se résume pas au seul combattant de Gergovie ou d'Alésia; désormais, nous saurons à quoi ressemblait son prédécesseur de l'Allia, de Télamon ou de la Grande Migration vers l'Est.

François Gilbert

Introduction

Les sources

« *Avec colère, en furie, sans raisonnement ils marchaient contre leurs adversaires comme des bêtes sauvages. Et même pourfendus d'un coup de hache ou de sabre, leur folie, tant qu'ils respiraient, ne les quittait pas ; percés de traits, de javelots, ils ne perdaient rien de leur fureur, tant que le souffle leur demeurait. Il y en eut qui, arrachant de leurs blessures les dards dont ils avaient été frappés, les lançaient contre les Hellènes, ou s'en servaient pour combattre de près.* » Pausanias.

Durant l'Antiquité, les guerriers gaulois furent de redoutables adversaires. Nuls autres ne furent plus craints, et chaque fois qu'ils menacèrent une cité telle que Rome, celle-ci déclarait le *tumultus gallicus*, ordonnant la mobilisation de tout homme capable de porter une arme, prêtres compris. Vers 387 av. J.-C., ils mirent Rome à sac ; une centaine d'années plus tard, ils saccagèrent le sanctuaire grec de Delphes… Durant toute leur histoire, les Gaulois furent une menace constante pour leurs voisins. Leurs pérégrinations militaires les conduisirent jusqu'en Afrique combattre au côté des Carthaginois ; d'autres s'installèrent sur le plateau d'Anatolie, dans l'actuelle Turquie. Ils eurent un parcours tout aussi mouvementé que les bandes de barbares qui sillonneront le monde quelques siècles plus tard, et qui seront en partie responsables du déclin de l'Empire romain.

Reconstituer un guerrier gaulois de pied en cap, d'une époque donnée, n'est pas chose aisée. En reconstituer une quinzaine, couvrant environ sept siècles d'Histoire, est un véritable parcours du combattant ! Les raisons de telles difficultés sont multiples. Il s'agit avant tout de rassembler et d'étudier des informations de plusieurs types : les textes antiques traitant des guerriers gaulois, le matériel archéologique, les publications scientifiques modernes enfin, qui ne sont pas les sources les plus facilement accessibles. Il faut ensuite refaire l'armement à partir de ces données croisées, puis le tester pour en comprendre le fonctionnement. Dernière difficulté à balayer, et non des moindres : s'affranchir de l'héritage du XIXe siècle.

Celui-ci a transformé en effet ces peuples hétérogènes en sauvages incontrôlables, vivant dans de sombres cabanes, mangeant du sanglier et se saoulant de vin et d'hydromel. Ces clichés, dus en partie à l'interprétation trop hâtive des textes laissés par les auteurs grecs et romains, ont malheureusement relégué la civilisation de nos ancêtres gaulois au rang de culture primitive, comparée à la grandeur de la Grèce et de Rome. Comme l'a souligné André Rapin, en pleine révolution industrielle, véritable troisième âge du Fer, la ferraille corrodée retrouvée en fouilles avait bien peu de valeur face aux objets de bronze, moins sensibles aux dégâts du temps. Aussi, « logiquement », imagina-t-on ces guerriers gaulois chevelus, affublés d'armes de bronze… Mais peut-on réellement en vouloir à nos grands-parents d'avoir fabriqué les images qu'ils préféraient voir ? Non bien sûr, car les techniques d'investigations archéologiques de cette époque n'étaient pas aussi performantes qu'aujourd'hui. De plus, une dimension politique planait au-dessus de ces Gaulois que l'on érigeait en symboles malheureux de la résistance à la conquête étrangère. 1870 était passé par là ! Néanmoins, cet intérêt pour ces ancêtres hirsutes, fiers et bagarreurs, a permis de ne pas les faire sombrer dans l'oubli.

Les textes antiques traitant des Gaulois n'ont pas été rédigés par ces derniers, mais plutôt par ceux qui les combattirent ; des ennemis donc, ce qui doit nous mettre en garde contre leur subjectivité (César, Polybe, Tite-Live et quelques autres…). Les sociétés, dont sont issus les auteurs de ces textes, considéraient en effet qu'elles seules étaient civilisées, et qu'elles seules étaient en droit de civiliser le monde, mettant en avant leurs innombrables qualités face aux défauts de ces barbares pour justifier leur « mission civilisatrice ». Rappelons également que ces auteurs ne furent pas toujours les témoins oculaires des événements qu'ils relatèrent. Beaucoup reprirent des textes plus anciens (qui, malheureusement, ont souvent disparu), ou recueillirent les témoignages d'autres personnes. Toutefois, ces écrits nous livrent de précieuses informations, et toute la difficulté consiste à en extirper les clichés pour garder l'essentiel, souvent un détail anodin qui peut être alors comparé à une donnée archéologique. Il n'est pas malvenu également de lire les sources antiques consacrées aux armées grecques ou romaines, mieux documentées, car bon nombre de traits peuvent être mis en parallèle et peuvent éclairer notre connaissance de l'armée gauloise.

L'étude de l'iconographie et de la statuaire celtiques, grecques et romaines, les fouilles de tombes de guerriers (proportionnellement peu nombreuses eu égard aux effectifs considérables indiqués par les historiens antiques), des trophées et des sanctuaires à caractère militaire, comme celui de Gournay-sur-Aronde, confirment depuis plus d'une vingtaine d'années l'ampleur de l'activité guerrière et la qualité de l'armement des peuples gaulois. Les outils et le savoir-faire des différents intervenants spécialisés – archéologues, restaurateurs, radiologues – permettent aujourd'hui de rassembler des informations considérables sur un seul artefact. L'étude est ainsi toujours plus fine, et contribue à dessiner une image plus réaliste du guerrier gaulois, mais celle-ci reste tronquée. En effet, les découvertes semblent ne concerner qu'une petite partie de la population guerrière, la plus élevée socialement : l'élite. La masse des combattants, paysans ou artisans levés, si ce fut le cas, par leurs seigneurs pour former le gros des troupes, armés probablement d'arcs, de frondes, de javelots, de pierres à jeter ou de n'importe quel objet contondant, reste majoritairement dans l'ombre. De plus, si les sépultures permettent de connaître l'équipement métallique du guerrier, elles ne nous disent souvent rien des pièces en matériaux organiques, et donc périssables : tissus et cuirs. De rares fragments ont cependant permis des études poussées pour les textiles et leur confection, mais il y a peu d'informations quant à la teinture et la coupe. C'est là une profonde lacune pour la reconstitution, car alors, elle doit combler les manques par des vraisemblances.

La fouille et l'étude archéologiques sont les préalables indispensables à la restitution du matériel et à son expérimentation. Ces dernières nous permettent ensuite de mieux comprendre les choix technologiques des hommes de l'Antiquité et leurs méthodes de combat. Depuis quelques années, des passionnés se sont attelés à la tâche et se sont lancés dans l'archéologie expérimentale en reconstituant fidèlement des panoplies guerrières. Leur démarche est des plus instructives, car elle permet de valider ou d'invalider des hypothèses, au sujet de l'habillement, du harnachement des armes ou de leur maniement. Mais, malgré des résultats encourageants, il n'est pas certain que toutes leurs conclusions soient entièrement conformes à la réalité de l'époque ; il existera toujours des zones d'ombre. On ne saura par exemple sans doute jamais à quoi pouvaient ressembler exactement l'ensemble de leurs vêtements, et plus encore leurs sous-vêtements. Il est une autre réalité que l'on ne pourra jamais totalement assimiler : la mentalité des guerriers gaulois, qui a très probablement influencé le port ou le rejet de certaines pièces d'équipement, à l'exemple des Germains qui refusaient la selle de cavalerie, car elle offensait leur virilité. Il semble que, de leur côté, les Gaulois aient très peu porté de casques. Auraient-ils fait l'objet d'interdits ?

Il convient donc de signaler que la plupart des personnages présentés dans cet ouvrage portent du matériel dont la documentation est issue en majeure partie de contextes funéraires, et qu'ils illustrent donc surtout la classe dominante de la société gauloise. Je souhaite que les érudits ne portent pas un jugement trop sévère quant aux libertés prises pour ces reconstitutions, pour certaines essentiellement conjecturelles, et qui pourraient leur paraître hasardeuses. Cependant, si l'on ne tenait compte que du matériel retrouvé en fouille et clairement identifié, nos Gaulois se seraient retrouvés… bien découverts !

Ce sont toutes ces difficultés qui rendent l'étude des guerriers gaulois si excitante et ce livre si difficile à réaliser.

Chronologie

- Âge du Bronze
- vers -750 / -700 : Début du premier Âge du Fer
- vers -600 : Fondation de Marseille (Massalia) par les Phocéens
- vers -600 / -550 : Premières inscriptions en langue celte à Sesto Calende (Italie du Nord)
- vers -500 / -450 : Début de l'expansion celte en Gaule et Italie du Nord. Migrations en Grande-Bretagne
- vers -475 / -450 : Début du deuxième Âge du Fer
- vers -400 : Invasion gauloise en Italie
- -396 / -390 : Deuxième vague d'invasions celtes dans la plaine du Pô. Prise de Melpum (Milan) ; Les Gaulois et les Romains s'affrontent à Clusium
- -387 : Bataille de l'Allia et défaite romaine. Mise à sac de Rome. Installation de Celtes transalpins en Italie
- -379 / -368 : Denys l'Ancien, tyran de Syracuse, loue des mercenaires celtes pour combattre les Béotiens en Grèce
- vers -365 / -349 : Installation de Celtes dans la vallée du Tibre, en Campanie et en Apulie
- -354 / -350 : Rome s'allie avec les Samnites contre les Gaulois qui s'emparent de Bologne. Les Boïens s'installent en Bohême. Les Celtes traversent le Danube
- -335 : Alexandre le Grand traverse le Danube pour attaquer les Gètes et rencontre sur place une ambassade celtique
- vers -335 : Apparition des premières monnaies gauloises. Paix entre Romains et Sénons
- vers -310 : Invasions celtes en Illyrie
- -307 : Présence de mercenaires celtes en Afrique
- -300 / -295 : Conquête de la Gaule méridionale par les Celtes. Percée en Bulgarie et en Thrace. Alliés aux Samnites et aux Étrusques, les Gaulois sont écrasés par les Romains à Sentinum (-295)
- -285 : Défaite romaine à Arretium (Arezzo), puis victoire décisive sur les Sénons
- -283 : Défaite des Gaulois cisalpins (d'Italie) contre les Romains
- -280 / -278 : Invasions celtiques en Grèce et en Asie Mineure : les Celtes occupent la Macédoine et Brennus met à sac le sanctuaire de Delphes. Invasion des Galates en Thrace, en Macédoine et en Asie Mineure.
- -275 : Antiochos Ier de Syrie leur accorde un territoire
- vers -250 : les Belges entrent dans le nord de la Gaule. Invasions celtes en Cisalpine et dans la plaine du Pô
- vers -240/-230 : Attale Ier de Pergame défait les Galates à proximité des sources du Caïque
- -225 / -222 : Victoire romaine sur les Transalpins et Cisalpins en Italie du Nord, et sur les Boïens et leurs auxiliaires germains à Clastidium
- -221 : Victoire d'Hannibal sur les Celtibères
- -218 / -216 : Les Celtes de Thrace passent en Asie Mineure sur l'invitation d'Attale Ier. Hannibal traverse les Alpes accompagné par des Celtes transalpins
- -205 : Les Romains achèvent de conquérir la péninsule Ibérique
- -202 : Hannibal est définitivement vaincu
- vers -200 : Soumission des Gaulois d'Italie à Rome
- -197 / -196 : Soumission des Cénomans et des Insubres (Celtes cisalpins). Défaite et soumission des Boïens, dont une partie repasse les Alpes
- -181 /-174 : Premières révoltes des Celtibères
- -171 / -166 : Les Romains entrent en Illyrie. Répression du soulèvement galate

- vers -165 : Soumission des Galates d'Asie Mineure à Rome
- vers -154 : Deuxième révolte celtibère avec les Lusitaniens. Première expédition romaine contre les Salyens de Provence
- -144 : Troisième révolte celtibère
- -125 / -121 : Deuxième expédition romaine contre les Salyens. Conquête de la Narbonnaise et création de la *Provincia*. Les Romains pénètrent en Cisalpine : défaite des Allobroges et des Arvernes, entraînant la chute de la royauté arverne. Fondation d'Aix-en-Provence (-121)
- -120 / -101 : Incursion des Cimbres et des Teutons se terminant par leur défaite
- -118 : Fondation de la colonie romaine de Narbonne
- vers -107 : Victoire des Tigurins et des Volques Tectosages sur les Romains à Agen, puis défaite des Volques
- -102 : Marius bat les Teutons à Aix-en-Provence
- vers -80 : Celtillos, père de Vercingétorix, échoue à restaurer la royauté arverne
- -76 : Répression des Volques
- -75 : Le denier romain est imité en Gaule
- -62 / -61 : Soulèvement des Allobroges, appel à Rome des Éduens
- -58 / -51 : Guerre des Gaules :
  Incursion des Helvètes, écrasés près de Bibracte (-58)
  Campagne contre les Belges (-57)
  Victoire navale sur les Vénètes d'Armorique (-56)
  Expédition romaine outre-Rhin et première traversée dans l'île de Bretagne (-55)
  Deuxième expédition en Bretagne (-54) et chez les Germains (-53)
  Révolte d'une partie de la Gaule sous les ordres de Vercingétorix, qui obtient la victoire à Gergovie, et la défaite à Alésia. Soumission des Arvernes et des Éduens (-52)
  Bataille d'Uxellodunum. La Gaule est officiellement pacifiée (-51)
- vers -50 : Victoire des Daces sur les Boïens de Pannonie
- -44 : Assassinat de Jules César
- -43 : Lugdunum (Lyon) devient la « capitale des Gaules », la Gaule cisalpine est rattachée à l'Italie
- -35 : Octavien repousse la frontière romaine jusqu'au Danube
- -27 / -25 : La Galatie devient province romaine
- -14 Les tribus alpines sont soumises
- -17 : Abandon de Bibracte, l'*oppidum* des Éduens, au profit d'Autun dans la plaine
- vers -27 / 14 : mise en place de l'administration romaine en Gaule chevelue sous le principat d'Auguste. Organisation des provinces romaines de Gaule aquitaine, Gaule belgique et Gaule lyonnaise
- -14 / -6 : Les Romains prennent la Pannonie. Les Germains occupent la Bohême et la Moravie
- 14 : *Imperium* de Tibère
- 21 : Révoltes en Gaule des Trévires et des Éduens dirigées par C. Julius Sacovir et C. Julius Florus. La révolte est matée et le territoire trévire rattaché à la province de Germanie inférieure
- 43 : Expédition de Claude dans l'île de Bretagne, résistance de Caratacus, la province romaine de Bretagne est créée
- 61 : Révolte en Bretagne, suite à la destruction du sanctuaire druidique d'Anglesey (île de Mona)
- 68 / 70 : révoltes en Gaule menées par le Lingon Sabinus ; la révolte est matée et le territoire lingon rattaché à la province de Germanie supérieure
- 78 / 86 : Campagne d'Agricola dans l'île de Bretagne
- vers 88 : Débuts de l'établissement du *limes*
- 212 : Généralisation de la citoyenneté romaine (Édit de Caracalla)

Prince hallstattien
Autriche
Vers 650-600 av. J.-C.

Le premier Âge du Fer

À proximité du lac de Hallstatt, dans les montagnes autrichiennes, se trouve le site d'une importante nécropole, dont environ deux mille sépultures sont aujourd'hui recensées. En raison de l'abondance et de l'importance des découvertes, les archéologues ont donné le nom de Hallstatt à la première période de l'Âge du Fer, qui s'étend approximativement de 750 à 450 av. J.-C. Des peuples celtes de cette époque sont également établis dans le grand Est de la France, en Allemagne et en Suisse, et se trouvent être certainement les descendants des peuples de l'Âge du Bronze. La question de leurs origines est un sujet épineux et le débat reste encore largement ouvert. Les Celtes n'ayant pas écrit leur histoire, seule l'archéologie nous fournit des informations à leur sujet. Des auteurs grecs font toutefois mention de leur existence sous le nom d'« Hyperboréens », mais on ignore leurs pérégrinations militaires à cette époque. On sait que ces hommes de guerre font partie de la classe dirigeante. Les plus importants d'entre eux vivent dans des sites de hauteur fortifiés, situés à proximité des axes d'échanges entre le nord et le sud de l'Europe qu'ils contrôlent. Un de ces sites les mieux connus actuellement est la célèbre forteresse de la Heuneburg en Allemagne. À leur mort, ils sont inhumés sous d'imposants tertres, avec un somptueux mobilier, parmi lequel figurent des armes et divers objets locaux et importés.

Le rôle des guerriers

Vers 600 av. J.-C., le commerce entre les princes hallstattiens et le sud de l'Europe, notamment la Grèce et l'Étrurie, est déjà bien établi. Bénéficiaires d'une grande partie de ces transactions, ces princes doivent avoir à leur service des guerriers bien équipés et bien entraînés pour escorter les convois de marchandises évoluant dans des contrées souvent difficiles et sauvages, afin de faire face aux attaques d'éventuels pillards. Logiquement, ces guerriers ont également pour mission de veiller à la sécurité du prince et de ses biens personnels, sur une zone de quelques dizaines de kilomètres autour de sa résidence. En permettant à leur seigneur d'accroître son patrimoine – et donc sa puissance – (d'après quelques témoignages anciens, il semble que le bétail soit la principale richesse), ceux-ci s'enrichissent eux-mêmes, notamment lors de raids chez leurs voisins. On peut penser qu'un prince hallstattien dispose de différents types de guerriers. Une partie doit être composée de cavaliers (le prince lui-même en est un assurément) ; leurs petits chevaux leur permettent des interventions rapides. La seconde partie est composée de fantassins plus légèrement armés, mais capables de poursuivre des agresseurs dans des zones inaccessibles à cheval : bois denses et marécages, nombreux dans les vallées.

Les convois en provenance du sud sont probablement très attendus et des dates de passage certainement convenues. À chaque visite des marchands, les aristocrates doivent leur passer commande, peut-être d'un service à vin en bronze plus somptueux que le précédent, et sûrement de plusieurs centaines de litres de cette boisson dont

les tessons d'amphore retrouvés sur les sites archéologiques attestent une abondante consommation. En échange, les princes troquent des produits locaux : sel, fourrures, métaux. Les convoyeurs payent sans doute un droit de péage, probablement sous forme d'or et autres matières rares, afin de poursuivre leur route et profiter de la protection des guerriers jusqu'à la limite de la zone de contrôle.

L'équipement

Cet « aristocrate » est lourdement équipé ; il appartient à l'élite guerrière. La qualité et la richesse de son équipement sont à la fois garantes de sa survie dans le combat et témoins de son statut social. Pour reconstituer notre personnage, nous comptons sur les découvertes archéologiques, mais seules les pièces métalliques sont parvenues jusqu'à nous, contrairement aux éléments organiques entrant dans la composition du harnachement, et nous devons imaginer ces derniers pour comprendre et étudier l'agencement général. Bien que réaliste, cette reconstitution reste une hypothèse.

Le poids de tout cet armement est considérable, et on peut donc légitimement douter de la mobilité du guerrier. Mais comme l'ont montré les tests d'utilisation du bouclier, sa forme nécessite dans son maniement une certaine dextérité.

Notre guerrier a d'abord revêtu une tunique descendant à mi-cuisse, pratique pour le combat à pied, mais peut-être inconfortable pour monter à cheval, opération pour laquelle le pantalon celtique – les braies – serait plus approprié. On ne sait pas à quoi peuvent ressembler les sous-vêtements à cette époque, si tant est qu'il en ait existé. Ses chaussures sont en cuir et ressemblent aux souliers médiévaux. Cette forme est corroborée par les garnitures d'or des chaussures du prince de Hochdorf, dont la tombe a été découverte en Allemagne.

Par-dessus la tunique, une imposante cuirasse de bronze garantit les parties vitales : le cœur, les poumons, etc. D'origine grecque (connue par une célèbre découverte à Argos), elle est d'un modèle dit « en cloche », en raison de sa forme particulière au bord inférieur évasé. Notez la haute encolure qui protège le cou. Les mollets sont également protégés de cnémides de bronze, également grecques, bordées de cuir. On peut douter de leur utilité en raison de la longueur du bouclier qui peut lui aussi couvrir les jambes. Enfin, le casque de bronze protège la tête des coups de l'adversaire. Lui aussi en cloche, il peut être catalogué dans la famille des « Buckelhelm » qui ne doit rien aux Grecs cette fois, mais que l'on retrouve très fréquemment sur le territoire étrusque et au-delà. Ce modèle évoluera pour donner le type Negau au VIe siècle av. J.-C. Il est ici orné d'un cimier de crin, qui peut être un insigne de grade (?), et qui augmente la stature du combattant pour le rendre plus impressionnant.

L'armement offensif est composé d'une arme de jet, un javelot, et de deux armes de corps à corps : une lance et une hache. Les pointes du javelot et de la lance sont confectionnées en fer. On peut supposer que les pointes de javelot sont alors fabriquées en grande quantité, en raison de la nature même de cette arme, qui est jetée et peut donc être perdue. Notre homme n'en porte qu'une, mais on peut supposer qu'un serviteur – sorte d'écuyer – se charge de porter le reste de son armement.

La morphologie du fer de lance possède déjà des caractéristiques qui resteront inchangés durant les siècles suivants : forme en feuille de saule et forte arête médiane. La longueur de la hampe est établie arbitrairement, mais tient compte des possibilités de

maniement. Ici, l'arme ne mesure guère plus de 2,20 m et peut être, comme le javelot, jetée à distance sur l'adversaire.

Notre homme est armé d'un hypothétique bouclier. Il est en bois, recouvert d'une couche de tissu et de cuir. Il est léger, moins de 4 kg. Cet élément de l'armement n'est jamais retrouvé, car il ne porte aucune pièce métallique, et seule l'iconographie permet de s'en faire une idée.

On peut imaginer la chronologie du combat : celui-ci commence par le jet des javelines, et se poursuit avec une des armes de poing, pourquoi pas les deux si le bouclier est rendu inutilisable par les armes adverses.

Notre guerrier peut se comparer à l'hoplite grec notamment en raison du port des cnémides, du plastron en bronze et du cimier du casque. Évidemment, les différences dans l'équipement sont multiples : le bouclier est plat et ovale, alors que les modèles grecs sont ronds et convexes, et les casques beaucoup plus fermés sur le visage et munis d'un nasal… Ces différences induisent une technique de combat différente du modèle « académique » grec, dont l'armement est étudié pour le choc frontal de deux masses de fantassins serrés les uns contre les autres : la phalange.

Le bouclier plat est peu adapté à cette forme de confrontation (voir encadré concernant le bouclier, p. 24-27), et suggère davantage une utilisation dynamique à pied. Pourtant, en raison du poids de son équipement, notre guerrier devait être sans aucun doute plus à l'aise à cheval et, dans ce cas précis, la forme plate du bouclier est nécessaire, comme le montreront plus tardivement les cavaliers romains.

Si on se réfère à la nature et au fonctionnement des affrontements des cités grecques, par exemple, dont les sources sont nombreuses, on apprend que l'hoplite est un paysan défendant sa terre, les combats ont lieu sur le territoire et en général à guère plus d'un jour de marche.

Le prince, un guerrier, vit au centre de son territoire et possède les terres situées à l'intérieur de sa zone d'influence ainsi que les populations qui les habitent et il en assure la défense.

On ne sait pas si les conflits impliquant ces aristocrates engageaient l'ensemble de la population masculine en âge de porter les armes, ni si cet armement était étendu à l'ensemble de la classe guerrière. La densité guerrière au sein d'un peuple ne peut être mise en lumière faute de preuves matérielles, mais à l'exemple des Grecs, on peut supposer que les conflits engageaient un nombre d'hommes peu élevé – quelques milliers – et que les combats n'avaient pas lieu à plus d'un jour de marche également. Pour preuve, les spécialistes affirment aujourd'hui que l'aire d'influence d'un prince celte n'excédait guère une zone d'une cinquantaine de kilomètres. La plupart des guerriers étaient sans doute les hommes de l'entourage immédiat du prince, sa garde personnelle.

Chef de clan
Entre Meuse et Marne
vers 500 av. J.-C.

L'or blanc

Le premier Âge du Fer est marqué par l'exploitation intensive du sel dans les régions où il abonde, comme en Lorraine ou près du lac de Hallstatt en Autriche. Cette activité a laissé des traces archéologiques importantes. Dans les mines, le sel a conservé divers objets usuels en matériaux organiques, perdus ou abandonnés par les travailleurs : outils d'extraction, vêtements, chaussures, etc. Ce sel sert alors à la conservation des aliments, mais on ne l'utilise pas à l'état brut ; le sel gemme est traité. Dans des réceptacles en argile, l'eau saumâtre est mise à bouillir. Le sel forme ainsi une croûte en surface, que les hommes récoltent et transvasent dans des moules en terre cuite poreuse pour la fabrication de pains de sel. Ces moules sont ensuite brisés et rejetés à proximité. Les prospections archéologiques ont montré que ces dépotoirs, formés par le rejet des moules, atteignent par endroits entre dix et quinze mètres de hauteur. Des villages entiers se trouvent aujourd'hui construits par-dessus.

Une telle production dépassait donc largement les besoins locaux, ce qui sous-entend un commerce florissant du sel, sans doute principale source de richesse des aristocrates hallstattiens. Afin d'affirmer leur pouvoir, les maîtres exhibaient leur opulence acquise grâce au sel lors de fameux banquets pouvant durer plusieurs jours.

Des banquets ritualisés

À leur mort, les princes du Hallstatt étaient inhumés avec un riche mobilier témoignant de l'importance des banquets à cette époque. À côté du char funéraire à quatre roues et de l'armement, on trouve en effet des cornes à boire richement décorées et un service à vin importé du Sud, comprenant notamment des coupes, des cruches appelées « œnochoés », des passoires pour filtrer le vin après y avoir ajouté des épices, et surtout un cratère pour mélanger le vin et l'eau. Le plus célèbre et le plus imposant de ces cratères est celui de la princesse de Vix, en Bourgogne, inhumée vers 500 av. J.-C. ; il pouvait contenir plus d'un millier de litres.

Un témoignage d'Athénée (citant Posidonios) fait état de la disposition des convives : « *quand les convives sont nombreux, ils s'assoient en cercle, le personnage le plus important au milieu, tel un chef de chœur ; à côté de lui prend place son hôte, et les autres invités s'installent alternativement de chaque côté, selon leur rang. Les porteurs de boucliers se tiennent derrière eux, tandis que sur le côté opposé, les porteurs de lances s'assoient en cercle et festoient entre eux, comme leurs maîtres.* »

Athénée souligne également : « *Dans les temps anciens, quand on servait une pièce de viande, le héros le plus brave s'emparait de la cuisse et si un autre la revendiquait, tous deux se levaient et s'affrontaient dans un combat à mort [...] Toujours armés dans ces réunions, ils engagent le combat, parant les coups qu'ils se portent mutuellement. Mais par-*

21

fois, ils se blessent ; alors la colère les envahit et, si les assistants ne s'interposent pas pour les retenir, il peut arriver qu'il y ait mort d'homme. »

L'équipement

Notre reconstitution est essentiellement basée sur le matériel de la sépulture n° 1005 de la nécropole de Chaillon, en Meuse, découverte en septembre-octobre 2002 lors des fouilles de sauvetage conduites par l'INRAP sur le tracé de la ligne TGV EST. Une vingtaine de sépultures disposées à flanc de coteau ont été fouillées, et parmi celles-ci se trouvaient trois tombes de guerriers inhumés avec leur armement.

Il convient de préciser que l'équipement de notre guerrier appartient à ce que les archéologues appellent le « faciès jogassien » de la fin de la période hallstattienne. Ses armes sont typiques des régions champenoise et marnienne. C'est plus particulièrement dans les environs de Chouilly-les-Jogasses que la majorité d'entres elles ont été retrouvées : lances ou javelots accompagnés d'un poignard ou dague.

Notre guerrier porte une tenue plus sobre que son prédécesseur (voir p. 16-19). Nous aurions pu l'équiper d'une cuirasse en matériau organique, mais nous avons imaginé que, pour débattre des affaires liées à leur condition, les hommes de haut rang n'éprouvaient pas forcément la nécessité de revêtir une tenue de guerre ; il leur suffisait sans doute d'apparaître seulement équipés de leurs armes de poing.

Notre homme a revêtu une paire de braies, vêtement typique des guerriers celtes. On ignore d'ailleurs de quelle façon ce pantalon tenait à la taille et même s'il était fendu sur le devant par commodité, comme aujourd'hui. La cape est maintenue fermée sur les épaules au moyen d'une petite fibule de bronze à cabochon, d'un modèle courant pour l'époque.

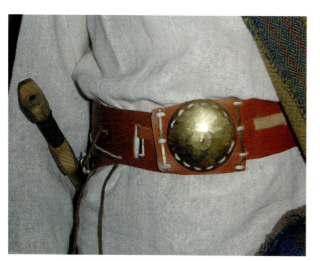

Le détail de ce manteau montre la richesse et la complexité de la réalisation du tissu. Il s'agit ici de ce que les tisserands appellent un sergé 2/2, qui permet d'obtenir des motifs en diagonale et des losanges. Les spécialistes modernes attestent que ce type de tissage était très courant chez les Gaulois. Le tissu des braies est réalisé selon le même procédé. Ses chaussures sont différentes de celles de son prédécesseur, et sont plus appropriées pour la période estivale. La forme est attestée par les artefacts conservés dans les mines de sel de Hallstatt en Autriche.

Les armes de notre personnage demeurent dans la logique de l'équipement guerrier des Gaulois tout au long de leur histoire, à savoir une ou plusieurs armes d'hast, une arme de poing, un bouclier.

La lance, tout d'abord, est particulière, puisque la douille du fer est prolongée sur la hampe par un bandage de bronze décoré au poinçon, qui peut être une sorte de ren-

fort pour empêcher qu'un ennemi ne sectionne la hampe d'un coup de taille. Toutefois, ce bandage de bronze, bien qu'offrant un léger surcroît de poids au sommet de la lance, semble bien léger pour garantir la hampe d'une éventuelle cassure. Peut-être cette spirale n'est-elle tout simplement que décorative ? La douille découverte dans la sépulture de Chaillon avait conservé quelques fragments de bois, que les analyses ont permis d'identifier comme étant du frêne.

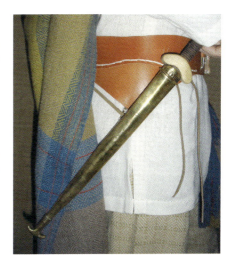

D'une taille importante et très effilée, la pointe de la lance était quant à elle cassée à son extrémité. On peut supposer que le bout était mieux forgé que le reste du fer, pour accroître son pouvoir de perforation, mais rendant paradoxalement le métal plus cassant en dessous. La taille de la hampe est difficile à estimer, car les fers (il y en avait deux dans la tombe) reposaient au niveau du torse, pointe tournée vers le haut. On peut avancer une longueur comprise entre 3,50 m, si elles ont été brisées pour les faire entrer dans la sépulture, et environ 1,70 m, si elles ont été placées entières. Nous avons choisi de restituer cette arme avec une longueur d'environ 1,80 m.

On peut supposer que ce sont des lances à usage multiple, c'est-à-dire qu'elles pouvaient être lancées comme un javelot ou manipulées d'estoc. Il convient de préciser que ces deux modèles ne sont pas ceux du guerrier de la tombe 1005, dont les fers n'étaient pas renforcés de bandages ; il s'agit des lances appartenant au guerrier de la tombe 1018, probablement un proche parent de notre guerrier. La particularité de ces armes imposait cependant de les présenter ici.

Le bouclier est ici de forme rectangulaire. Ce choix est justifié par des représentations iconographiques montrant une telle forme. Son poids et son utilisation sont vraisemblablement comparables à ceux de son prédécesseur. Il est intéressant de préciser que dans la sépulture 1018 se trouvaient deux orles de bouclier, les plus anciens connus à ce jour. Il s'agissait sans doute en l'occurrence de renforts imposés par une réparation, car le plus petit morceau couvrait la partie haute du bouclier, et la plus longue, le côté gauche. Leur présence a permis d'estimer une épaisseur du bord du bouclier comprise entre quatre et six millimètres (voir aussi le bouclier gaulois p. 24-27). L'arête centrale est courte, comme le suggère l'iconographie.

La dague jogassienne, son fourreau et son système de suspension sont des pièces magnifiques et d'une réalisation très complexe. La lame est très effilée et possède deux tranchants. Sa poignée est en bois, bien que sur les dagues des deux autres tombes, les poignées soient en bronze présentant un profil anthropomorphe. Le fourreau est constitué de trois matériaux : il s'agit d'une gaine initiale en bois de chêne, recouverte d'une tôle de bronze d'environ cinq dixièmes de millimètres d'épaisseur sur l'avers (avant), et d'une tôle de fer approximativement de la même épaisseur sur le revers (arrière), munie d'un double pontet long servant à la suspension. La partie distale du fourreau est terminée par une bouterolle de bronze en forme d'ancre.

Nos recherches et nos expérimentations sur la restitution de la ceinture de suspension nous ont conduit à la solution proposée ici, mais il ne s'agit que d'une hypothèse vraisemblable. Sa particularité est que la dague est portée inclinée, ce qui facilite la sortie de l'arme et empêche la bouterolle de gêner, voire de blesser le guerrier à la cuisse. Il en va de même pour la fermeture de la ceinture et le positionnement du disque, qui est probablement plus ornemental que fonctionnel.

Notre guerrier est donc un combattant léger et très mobile. Après avoir combattu avec ses lances, il se servira de sa dague en dernier recours. Enfin, cette arme semble aussi être le symbole de son rang au sein de la société dans laquelle il évolue et qu'il dirige probablement.

LE BOUCLIER GAULOIS

Le bouclier est un élément essentiel de l'armement de tous les peuples de l'Antiquité européenne, et en particulier des Gaulois. Il n'en demeure pas moins que d'un peuple à l'autre, en considérant seulement les boucliers gaulois, romains et grecs, ils diffèrent car ils sont adaptés à un mode de combat spécifique. Les Hellènes ont privilégié un bouclier pesant, rond et bombé, maintenu sur l'avant-bras au moyen d'un brassard placé au centre du bouclier, et à la main grâce à une poignée se trouvant à la périphérie de l'intérieur du bouclier. Les Romains ont fait de même à l'origine, puis ont préféré un modèle ovale (ou oblong) et cintré lorsqu'ils ont abandonné la phalange pour la tactique manipulaire ; les Gaulois quant à eux se servent d'un bouclier oblong et plat.

À la fin du Hallstatt final, de timides pièces métalliques apparaissent : ce sont de petits orles en bronze destinés à protéger une section du pourtour du plat du bouclier. Le caractère exceptionnel de leur découverte (dans une des trois tombes de guerriers de la nécropole de Chaillon, Meuse, voir p. 20-23) et leur emplacement dans la sépulture suggèrent cependant qu'il s'agit très vraisemblablement de pièces de réparation du bouclier.

La forme générale de ce bouclier celtique nous est connue grâce à l'iconographie antique, bien que sa surface plane soit difficile à reconnaître formellement. Toutefois, l'étude menée par André Rapin sur le bouclier en pierre de Camarina (Sicile), sculpté grandeur nature, démontre qu'il représente un exemplaire celtique et qu'il est bien plat. Sa morphologie et ses proportions internes sont semblables à un autre bouclier figurant sur une sculpture de facture celtique, à peu près contemporaine : la statue de Glauberg. Enfin, plusieurs exemplaires découverts dans le lac de Neuchâtel en Suisse, dans un état de conservation relativement bon, apportent une preuve supplémentaire.

Cette forme plate et oblongue, mise en place dès le Hallstatt final, ou peut-être même avant, restera une constante durant toute l'histoire de l'armement celtique.

Seuls les agréments de ce bouclier, la nervure centrale *(spina)* et les éléments métalliques qui viendront par la suite renforcer le bouclier, subiront des changements que l'on peut considérer comme mineurs.

L'essentiel du bouclier est en bois : le plat, probablement renforcé par du cuir ou du tissu, la *spina* (arête médiane) et le manipule (poignée). Polybe, qui écrit au IIe siècle av. J.-C., donne une description de la conception en matière périssable du bouclier romain à cette époque : « [...] large de deux pieds et demi et long de quatre [...]. Il est fait de deux planches collées ensemble et recouvertes extérieurement de grosse toile, puis de peaux de veau... »

On peut imaginer que le plat du bouclier gaulois soit conçu de la même façon ou fait de lamelles de bois collées alternativement de façon à créer une sorte de contreplaqué. Sur les boucliers les plus anciens, la *spina* est courte, une quarantaine de centimètres de longueur pour une douzaine de centimètres dans sa partie la plus large. La hauteur totale du plat du bouclier varie entre 1 et un 1,20 m, pour 40 à 60 cm dans sa partie la plus large. Les différentes restitutions réalisées aujourd'hui font varier son poids entre 4 et 8 kg, en fonction des essences de bois utilisées, de la taille de l'ensemble, de l'importance des renforts, et l'épaisseur des matériaux constitutifs.

La description de Polybe ajoute que le bouclier romain de son époque se complète de divers renforts métalliques :

« [...] Les bords supérieurs et inférieurs sont garnis de bandes métalliques, qui résistent aux coups de taille des épées et grâce auxquelles le bouclier ne s'abîme pas quand on le dépose à terre. Une bosse de fer fixée au centre du bouclier protège le porteur contre les pierres, les coups de sarisse et tous les projectiles perforants arrivant sur lui de plein fouet. »

Dans ce témoignage, comportant originellement d'autres indications aujourd'hui disparues, des éléments trouvent un parallèle avec les boucliers gaulois contemporains : orle en fer sur les bords supérieur et inférieur et bosse centrale appelée *umbo*.

Apparu au cours du Ve siècle av. J.-C. sur le bouclier celtique, cet *umbo* est formé de deux plaques de fer bombées qui épousent la partie centrale et ventrue de la courte *spina*. Tous deux sont couverts d'un orle se prolongeant de part et d'autre de la *spina*, courant sur toute la longueur du bouclier. Ce dernier ne laisse curieusement aucun vestige archéologique dans les sépultures du siècle suivant, soit en raison de la disparition temporaire de ces renforts, soit par le retrait du bouclier du mobilier funéraire, pour une raison inconnue. Nous optons actuellement pour la première explication. La découverte de ces boucliers renforcés est extrêmement rare, ce qui nous laisse supposer que la plupart d'entre eux ne possédaient pas de renforts métalliques. On suppose que le bouclier garde alors sa forme originelle.

À la fin du IVe siècle av. J.-C., l'*umbo* « réapparaît » sous forme de deux tôles dont les clous de fixation sont placés sur la *spina*. Ce système ne sera utilisé que durant les deux premières décennies, environ, du IIIe siècle av. J.-C. En effet, comme nous l'avons remarqué au cours de nos expérimentations de ce type de bouclier, les clous de fixation de l'*umbo* bivalve, saillants, offrent une prise aux armes adverses. La tête de clou se sectionne alors facilement lorsqu'un coup est porté dessus de haut en bas. Dans le cas où seul un clou maintient la plaque (bouclier du guerrier de Moneteau, Bourgogne), la plaque se désolidarise de la *spina*. C'est pour cette raison que l'*umbo* bivalve évoluera rapidement. Tout d'abord, les deux plaques s'allongent pour évacuer les clous de fixation de part et d'autre du centre. Puis, un autre type d'*umbo* apparaît, toujours composé de deux parties, mais cette fois prolongées par deux ailettes qui s'appliquent et se clouent sur le plat, de chaque côté de la *spina*, à l'exemple des tout premiers renforts de

bouclier du Ve siècle av. J.-C. Une gouttière de fer – l'orle – est placée sur le bord du bouclier.

Enfin, l'*umbo* est plus tard réalisé d'un seul tenant. Les nouvelles mutations ne concernent alors plus que la hauteur de la coque et la forme de l'embouti, ainsi que la forme des ailettes de fixation. La taille des clous et les mesures des orles retrouvés en fouilles permettent d'établir une particularité du plat du bouclier : l'épaisseur de la planche est d'environ 1 cm au centre et se réduit de façon constante pour atteindre 3 mm d'épaisseur au bord. L'apport des éléments métalliques sur le bouclier permet son allègement : mieux garanties contre l'éclatement, la planche et la *spina* n'ont donc plus besoin d'être épaisses pour être résistantes.

Le bouclier est un élément fondamental de l'armement, puisque c'est sur lui que repose la principale défense du combattant contre les armes adverses. Pour la période ancienne, la majeure partie de l'iconographie celtique montre que ce bouclier est utilisé par les fantassins (voir le fourreau historié de Hallstatt). Il en va de même pour les périodes plus récentes sur l'iconographie grecque et romaine.

Cette importance est démontrée par la conception des armes destinées à le neutraliser. Avant l'engagement au corps à corps, en se basant sur le modèle méditerranéen de la guerre, toutes les batailles sont commencées par un ou plusieurs jets de javelots exécutés par des guerriers spécialisés (comme le peltaste grec ou le vélite romain). On ne sait pas si les troupes gauloises ont utilisé tout au long de leur histoire une infanterie légère comparable aux vélites, ce qui est plus que probable lors de la guerre des Gaules.

Dans tous les cas, ces armes de jet ne devaient que très rarement toucher les hommes bien protégés derrière leur bouclier. En revanche, elles se fichaient facilement dans les planches. Plusieurs expériences ont montré que le *pilum* romain, lancé à une distance de 8 m, pénétrait une planche de bois de contreplaqué moderne d'1 cm d'épaisseur, couverte d'un cuir de 2 mm, et ressortait de l'autre côté d'au moins 3 à 4 cm. Un seul *pilum* neutralisait donc un bouclier au premier impact, en raison de son poids (environ 1,5 kg). Les javelots, plus légers, ont un plus faible pouvoir de pénétration ; la pointe ressort de 2 à 5 mm tout au plus, mais plusieurs d'entre eux fichés dans un même bouclier alourdissent ce dernier et le rendent quasiment inutilisable.

La fonctionnalité du bouclier est de deux ordres : le premier défensif, le second offensif.

Durant le combat, le corps est positionné en biais, la jambe gauche et l'épaule gauche en avant, et la jambe droite et l'épaule droite en arrière ; le bouclier se tient plaqué contre l'épaule gauche et le genou gauche. Il s'agit de couvrir le corps le plus possible. Suivant la hauteur du coup porté par l'adversaire, il suffit de monter ou de descendre le bouclier. Cette disposition est rendue nécessaire par la préhension horizontale du bouclier ; lorsqu'on le tient à bout de bras verticalement, un coup reçu sur le haut du plat ou sur le bas provoque un basculement découvrant partiellement le guerrier. Il faut donc disposer le bouclier de sorte qu'il soit le plus stable possible.

Il est possible de parer le coup adverse avec le bouclier en l'utilisant de manière dynamique, en « envoyant » l'*umbo* vers l'arme adverse qui porte le coup. On comprend donc la raison pour laquelle le centre du bouclier doit être renforcé.

En utilisant le bouclier de façon offensive, il s'agit de saper la garde de l'adversaire, en tentant de dévier son bouclier de sa position défensive afin de le découvrir.

La comparaison peut être faite avec la boxe, où du gauche (le bouclier) le pugiliste harcèle son adversaire pour pouvoir placer au mieux une

droite fatale (portée ici avec l'épée). Nous ne retenons pas la lance dans ce cas de figure, car le bouclier étant tenu en son milieu, la longueur de la moitié de la planche ajoutée à la longueur du bras gauche tendu vers l'avant est inférieure à la longueur de la lance.

L'usure du bouclier dépend de la puissance des différentes armes utilisées contre lui. L'épée est très peu, voire pas du tout, efficace pour le briser. En effet, seuls des coups de taille peuvent entamer le bord du bouclier de quelques centimètres seulement, mais avec le risque de voir l'arme se bloquer dans celui-ci.

Une lance utilisant des fers étroits au fort pouvoir de pénétration peut rester fichée dans la planche et gêner le porteur. Les armes les plus efficaces sont les javelots, notamment le *pilum* romain comme nous l'avons expliqué plus haut.

Employé de manière intensive, il est fort probable que le bouclier ne survive pas à plus d'une bataille. En effet, l'utilisation offensive du bouclier endommage fortement l'orle et le bord non protégé ; aussi, les pièces de bois doivent être fréquemment remplacées. Les boucliers sont de toute évidence des pièces faciles à réparer, du fait que les pièces métalliques sont assemblées à l'aide de clous recourbés, dont le démontage est aisé. Il faut donc imaginer des boucliers en « kit », où les bois sont préparés et assemblés d'avance afin de constituer une réserve pour un guerrier ; les pièces métalliques sont alors simplement retirées du bouclier brisé et reposées sur un système neuf. Moins de dix minutes suffisent pour un artisan entraîné pour effectuer cette opération, toutefois ce temps peut s'allonger s'il est nécessaire de redresser quelques pièces métalliques déformées par les coups. On peut imaginer que ces éléments de métal peuvent durer aussi longtemps que le guerrier lui-même.

Une telle utilisation demande que le bouclier soit à la fois léger et résistant. Les modèles n'excédant pas 4 kg semblent être les meilleures restitutions aujourd'hui ; un poids plus élevé ne permet pas un maniement dynamique. Il est possible que plusieurs modèles de bouclier aient coexisté, et que chacun ait été dévolu à un guerrier spécifique. Mais il convient de préciser que l'hyperspécialisation supposée entraîne nécessairement l'élaboration de manœuvres complexes pour permettre l'utilisation de tel ou tel type de guerrier, à l'exemple de l'infanterie romaine – mal connue – de la période républicaine, qui semble avoir employé plusieurs types de combattants spécialisés. Toutefois, comme nous le verrons dans l'encadré consacré à l'art de la guerre, il ne serait pas étonnant de voir plusieurs types de guerriers fonctionnant de concert au sein d'une même troupe, chaque spécialité servant à seconder les autres.

Enfin, le bouclier peut servir de support ornemental. Un témoignage de Diodore de Sicile précise que les boucliers sont décorés avec des animaux de bronze en relief. Aucun décor de ce type n'a été mis au jour jusqu'à présent. Toutefois, il existe encore nombre de pièces de bronze non identifiées. Une sépulture de guerrier de la nécropole d'Étréchy (Marne), découverte au XIXe siècle et datée aujourd'hui de la fin du Ve siècle av. J.-C., contenait, outre une épée, un poignard et deux javelots, plusieurs appliques de bronze en forme de croissant et ornées d'esses au repoussé, identifiées par A. Rapin comme étant des ornements de bouclier. Les batailles entre Gaulois devaient rendre nécessaires les symboles de reconnaissance propres à chaque guerrier, ou groupe de guerriers. La taille du bouclier fait de lui un support idéal pour afficher ces marques.

Chef de guerre
Région de l'Aube
Vers 450 av. J.-C.

Vers un nouvel âge

À la fin de la période hallstattienne, les peuples celtiques ne constituent pas une seule entité. Les territoires qu'ils occupent sont vastes, et il est certain que chacun vit une histoire qui lui est propre, et qui nous est malheureusement inconnue. Toutefois, le Ve siècle av. J.-C. voit des changements profonds, sans doute amorcés depuis au moins un siècle et qui font entrer les Celtes dans une nouvelle ère. Ces mutations, dont nous distinguons mal les mécanismes, sont de plusieurs ordres et nous sont révélées grâce à l'archéologie. Les plus importantes sont perceptibles dans le domaine de l'art, qui s'enrichit de nouveautés dans l'ornementation des armes – notamment les agrafes de ceintures d'épée –, ou dans les parures féminines. Les partenaires commerciaux changent également. Par le passé, c'est par Massalia (Marseille) que transitaient les marchandises en provenance de Grèce. Maintenant l'Étrurie, elle-même en pleine croissance, devient la plaque tournante de ces nouveaux échanges, *via* les voies alpines. Des sites princiers disparaissent, abandonnés pour certains de façon brutale, comme la forteresse de La Heuneburg (Bade-Wurtemberg), où des traces d'incendie ont été décelées.

Les rites funéraires évoluent eux aussi. Le guerrier est toujours inhumé avec ses armes, mais il est souvent accompagné d'un char à deux roues, alors que les grands princes d'autrefois l'étaient avec un char à quatre roues. Le phénomène princier disparaît donc définitivement de la scène, et se trouve remplacé par un pouvoir local visiblement plus restreint, exercé à partir de fermes fortifiées.

Les princes, artisans de leur propre perte

Liées en grande partie au changement de partenaires commerciaux, les mutations de ces communautés celtiques doivent probablement aussi être mises en relation avec l'évolution du « phénomène guerrier ». En marge de leur vocation défensive première, on peut en effet considérer que l'ascension et l'enrichissement de ces guerriers sont essentiellement dus à des opérations offensives, c'est-à-dire au pillage exercé chez leurs voisins.

D'après les auteurs anciens, le bétail semble être alors la principale richesse des hommes importants de l'époque ; le nombre de têtes servant d'unité de mesure pour déterminer une hiérarchie entre eux. S'emparer du bétail du chef voisin devint donc une solution pour accroître son pouvoir et son influence sur ses vassaux, par redistribution d'une partie du butin lors des banquets. Cette opulence a peut-être attisé de plus en plus la convoitise de ces clients, qui en voulaient toujours davantage, multipliant les razzias et provoquant des guerres plus importantes qui ont pu déstabiliser le pouvoir au profit des petits chefs, plongeant les territoires dans une insécurité certaine. Les princes pourraient donc être les artisans, involontaires, de leur propre perte.

L'équipement

L'arme de poing et son système de suspension ayant inspiré notre restitution proviennent de la tombe à char de Bouranton (Aube), découverte en 1989, et de celle de Saint-Denis-du-Palin (Cher), fouillée en 1964, toutes deux choisies pour le caractère complet et exceptionnel des objets exhumés. Une partie du matériel de la sépulture de Bouranton a été analysée en laboratoire. Des fragments de cuir provenant sans doute du ceinturon ont permis à André Rapin d'entreprendre une restitution graphique de l'ensemble.

Le guerrier ainsi restitué se trouve relativement éloigné de l'image habituelle du guerrier gaulois, que les représentations des ouvrages de vulgarisation montrent encore trop souvent équipé de matériels laténiens issus d'horizons chronologiques différents.

La physionomie générale de notre personnage s'inspire majoritairement de la célèbre statue de pierre de Glauberg (Hesse, Allemagne), grandeur nature, et d'une petite statuette de bronze découverte sur le même site, dans la sépulture n° 1. Toutes deux sont datables de la seconde moitié du Ve siècle av. J.-C.

Comme semblent le montrer ces deux documents, notre homme ne porte pas de pantalon ou braies. Il est sommairement vêtu d'une tunique de laine sobre descendant à mi-cuisse. Il est chaussé d'une paire de souliers fermés, taillés en pointe. Cette forme s'inspire des chaussures visibles sur les guerriers figurant sur la plaque d'avers du fourreau historié de la tombe 994 de Hallstatt (Autriche), daté du Ve siècle av. J.-C.

Pour se protéger au combat, notre guerrier a encore revêtu une cuirasse, dont la forme générale est également inspirée des deux statues citées plus haut. Cette cuirasse est pourvue d'une dossière de renfort couvrant tout le dos et prolongée d'un couvre-nuque. La cuirasse est maintenue en place grâce à deux épaulières doublées, et ornées sur leurs parties terminales de deux hypothétiques boutons de bronze. Des lambrequins sont fixés sur le bord inférieur et protègent sommairement le bassin et les cuisses. L'ensemble de la cuirasse est décoré de motifs directement puisés dans l'iconographie celtique de l'époque : visages humains encadrés d'une couronne avec double feuille de gui, esses, rinceaux et rosaces. Toutefois l'absence de traces archéologiques de telles protections, réalisées en matériaux périssables, nous contraint à des suppositions.

Notre homme est équipé d'un poignard en fer glissé dans un fourreau de cuir, restitué d'après le modèle de la tombe à char de Bouranton. La lame, courte, n'en demeure pas moins imposante – 7 cm dans sa partie la plus large – et rappelle dans sa forme le célèbre *pugio* porté par les légionnaires romains à la fin de la République et sous le Haut-Empire. La poignée en matériaux organiques n'a pas été conservée. Toutefois, d'autres poignards de ce type et datables de la même

époque ont été découverts munis de garnitures métalliques nous permettant de proposer cette reconstitution. Le fourreau, tout en cuir, est renforcé de petits orles de bronze cousus afin de le rigidifier. L'extrémité en queue de carpe, forme observée sur des exemplaires similaires métalliques, protège le porteur de la pointe du poignard. Celui-ci est suspendu au côté droit au moyen d'un ceinturon richement décoré d'éléments de bronze. Un système de bretelles l'empêche de glisser le long de la cuirasse, dont la surface graissée pour son entretien peut être glissante. Il s'agit de l'hypothèse la plus plausible dans l'état actuel de nos connaissances. Chaque bouton de fixation est agrémenté d'un pontet, pour assurer la bretelle, prolongé de deux chaînettes à pendentifs dont la forme s'inspire des modèles de Saint-Denis-du-Palin.

Le ceinturon est fermé au moyen d'une agrafe de bronze ajourée symbolisant un rapace : le crochet recourbé pour la fermeture formant le bec, et les gouttes latérales ses ailes déployées. Le crochet vient se loger dans de petites garnitures de bronze à œillets, au nombre de trois. Celles de notre reconstitution s'inspirent des garnitures d'Arnoaldi (Bologne, Italie) associées à un crochet de fixation similaire, ce qui est un autre témoignage de l'aire de diffusion de ces symboles. Nos garnitures schématisent un visage humain, associé ici au rapace schématique du crochet de fixation. Cette association homme/rapace peut trouver une correspondance lointaine et plus récente, dans le courant du IVe siècle av. J.-C., avec les griffons affublés d'une jambe humaine (voir les fourreaux d'épées dites de « Hatvan-Boldog » p. 70). Ces thèmes récurrents, présents du Ve au IIIe siècle av. J.-C., témoignent du caractère héroïque du guerrier et trouvent une correspondance avec le corbeau hantant les champs de bataille des récits épiques irlandais transcrits au Moyen Âge, mais décrivant indiscutablement le monde irlandais celtique antique et pouvant servir à notre compréhension des guerriers celtes de façon plus générale.

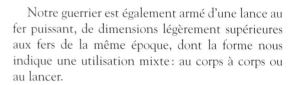

Notre guerrier est également armé d'une lance au fer puissant, de dimensions légèrement supérieures aux fers de la même époque, dont la forme nous indique une utilisation mixte : au corps à corps ou au lancer.

Pour se protéger, le guerrier est armé d'un bouclier, entièrement en bois et restitué à partir de celui qui figure sur la grande statue de pierre de Glauberg. Les motifs sont hypothétiques et reprennent, à l'exemple de la cuirasse, l'art celtique du Ve siècle av. J.-C.

Notre guerrier a été inhumé avec un char à deux roues. La nature de son matériel archéologique induit sa technique de combat. Ce matériel semble en effet plus adapté au combat à pied qu'au combat à char. Le poignard ne permet que le combat au corps à corps, et la lance utilisée à char devrait être récupérée à chaque impact, au moyen d'une dragonne enroulée au poignet droit du guerrier, faute de quoi l'arme serait perdue. Toutefois, pour le combat à char, notre guerrier a pu utiliser des javelots qui ne sont pas représentés dans la chambre funéraire de Bouranton.

Notre homme semble alors être polyvalent, qualité nécessaire aux combattants à char et aux cavaliers souvent amenés à mettre pied à terre selon les circonstances de la bataille, mais aussi aux cours des duels qui ne devaient pas manquer durant la vie d'un guerrier.

Aristocrate
Marne
Entre 450 et 400 av. J.-C.

Le second Âge du Fer

Lieu-dit situé à proximité du lac de Neuchâtel, en Suisse, La Tène est le nom éponyme pour désigner la deuxième période de l'Âge du Fer, qui s'étend de 450 à 30 /15 avant notre ère. Dès 1853, de nombreux objets en fer représentatifs de cette période y sont en effet découverts, ainsi que des fragments de boucliers en bois tenant encore leur *umbo* de fer. L'analyse dendrochronologique (analyse sur le bois) a permis de les dater vers 229 av. J.-C. Les Celtes du second Âge du Fer n'écrivent toujours pas leur histoire, mais contrairement à leurs ancêtres du premier Âge du Fer, ils apparaissent désormais dans les chroniques grecques et romaines. Ceux-ci les décrivent et commentent leur façon de vivre, sans toutefois les comprendre. Le Celte – ou le Gaulois (mot dérivé du latin) – personnifie à leurs yeux le Barbare par excellence, aux antipodes du modèle civilisé forgé par la Grèce ou par Rome. Si l'art des Grecs et des Romains est essentiellement figuratif, celui des Celtes de cette époque est abstrait et offre à l'observateur de multiples lectures.

La période laténienne est aussi l'époque faste des Celtes sur le plan militaire. Leur fougue et la qualité de leur armement les propulsent sur le devant de la scène internationale. Ils accomplissent des actions pour leur propre compte ou en tant que mercenaires pour divers États méditerranéens, tels que Carthage lors des guerres contre Rome, ou la Sicile de Denys de Syracuse. Leurs aventures les amènent à s'installer sur le plateau d'Anatolie (Turquie) au IIIe siècle av. J.-C.

Prélude à l'invasion historique de l'Italie

Au Ve siècle av. J.-C., des territoires entre les Alpes et le Pô sont déjà occupés par des Celtes, appartenant à la culture dite de « Golasecca ». L'essor du commerce étrusque avec les populations transalpines, les rapports de force entre Grecs, Étrusques et Carthaginois, ont sans doute contribué à l'arrivée dans le nord de la péninsule de nouveaux groupes d'origine transalpine, soit en tant qu'artisans ou autres, soit en tant que mercenaires au service de ces différentes puissances. La richesse de l'Étrurie va en effet accélérer la convoitise et l'installation des Celtes en Italie du Nord. Polybe fait état de ces évènements et des suites tragiques de cette invasion, apparemment massive, des populations celtiques :

« *Les Gaulois, qui fréquentaient les Étrusques à cause du voisinage et avaient observé avec envie la beauté du pays, les attaquèrent par surprise sous un mince prétexte avec une grande armée, les chassèrent de la région du Pô et occupèrent eux-mêmes la plaine* ».

À la fin du Ve siècle av. J.-C. et au début du siècle suivant, s'achève l'arrivée de plusieurs peuples celtes. La densité de leur population sera sans doute un facteur déterminant dans les évènements à venir. C'est par la puissance de leurs guerriers que les Celtes se tailleront d'immenses territoires au sud de l'Europe.

L'équipement

Les guerriers gaulois semblent avoir loué leurs services en tant que mercenaires dès le Ve siècle av. J.-C. En effet, la découverte fortuite d'une sculpture de bouclier sur un rempart ruiné de l'ancienne cité de Camarina (Sicile) suggère cette possibilité. L'étude d'André Rapin à propos de cette pièce réalisée grandeur nature, montre que ce bouclier présente toutes les caractéristiques du bouclier plat et oblong gaulois.

L'armement gaulois de ce temps est fortement représenté dans le sud de la France, et fournit à l'heure actuelle l'une des plus importantes documentations archéologiques de cette époque.

Cet armement possède les mêmes caractéristiques techniques que celui du Nord, notamment en région marnienne également bien documentée.

Ainsi, l'activité guerrière celtique est également très intense dans le Sud, sans aucun doute en relation directe avec les Gaulois du nord-est de la France et au contact immédiat du monde méditerranéen, prédisposant l'aristocratie à élaborer des plans d'expansion méridionale, notamment en Italie.

Le matériel d'Étréchy, exhumé à la fin du XIXe siècle, a servi de base à notre restitution. Une sépulture de guerrier a révélé, outre une épée et deux pointes de lance, d'exceptionnelles appliques de bronze ajourées identifiées comme appartenant à un bouclier. Cet ensemble, daté par une première étude complète d'André Rapin du début du IVe siècle av. J.-C., est aujourd'hui replacé par ce même chercheur à une date plus haute, soit au début de la seconde moitié du Ve siècle av. J.-C.

Notre personnage a revêtu une paire de braies et une tunique de laine épaisse couleur terre. Par-dessus, une cuirasse complète sa protection corporelle. Cette cuirasse est simple et dépourvue des riches ornements hypothétiques présentés sur celle du personnage précédent. Toutefois, le plastron est renforcé de bandes de cuir fixées en diagonale, comme le suggère une sculpture découverte à Roquepertuse (Bouches-du-Rhône).

L'épée, dans son fourreau de fer, est suspendue au côté droit par un ceinturon de cuir, agrafé au moyen d'un crochet ouvragé représentant une paire d'animaux fantastiques.

Ce symbole est caractéristique de cette époque, mais sa signification exacte nous échappe encore. Il s'agit de toute évidence d'un thème réservé aux guerriers. Certains de ces crochets de ceinture sont très finement ciselés et ils peuvent être également réalisés en fer. Il en existe quatre types : celui présenté ci-contre, le modèle de notre personnage précédent, un troisième type représentant une paire de dragons agencés en forme de lyre et reliés entre eux par une figure anthropomorphe, et enfin un type reprenant la palmette, symbole emprunté au répertoire gréco-étrusque. Quelques décennies plus tard, ce crochet disparaîtra et le symbole des animaux en opposition sera transféré à l'entrée des fourreaux d'épée.

Le mode de suspension est reconstitué – de manière hypothétique – dans la lignée du système du Hallstatt final, proposant le maintien incliné du fourreau. Quelques exemplaires de crochets de ceinturon, du Ve siècle av. J.-C., présentent un anneau dans le voisinage immédiat de l'agrafe, souvent fixé sur la barrette servant à la fixation de l'agrafe sur la ceinture. Dans l'état actuel des recherches, nous supposons que ces anneaux servent à l'ancrage des deux courroies de tension, fixées au départ sur les deux anneaux reliés au pontet, destinées à assurer le maintien et l'inclinaison du fourreau.

Cette gaine est réalisée tout en fer. Le modèle d'Étréchy, très dégradé, n'a pas permis une restitution de cette pièce. Toutefois, le long pontet conservé permet de définir son appartenance typologique au Ve siècle av. J.-C. Nous avons donc choisi d'équiper notre homme d'un exemplaire contemporain restitué à partir d'un artefact exposé au musée de Nemours.

Du bouclier, il ne demeurait plus qu'un orle de bronze destiné à couvrir la *spina*, un manipule et quatre appliques ouvragées en bronze. Notre restitution a été élaborée à partir de la proposition d'André Rapin. Le bouclier, tout en bois, mesure environ 110 cm de hauteur, avec une largeur de 60 cm et une épaisseur d'environ 10 cm. Son poids n'excède pas 5 kg. Les appliques sont ornées au repoussé de trois motifs distincts: triscèles, esses et la double feuille de gui que l'on voit plus fréquemment encadrer un visage humain.

Une paire de lances parachève l'équipement. Les fers sont pourvus d'une arête médiane peu saillante; la douille est plutôt longue. L'absence de relevés de fouille (effectuée à la fin du XIXe siècle) ne permet pas d'apporter une estimation de la longueur des hampes de bois. Toutefois, les caractéristiques technologiques de ces fers plaident en faveur d'une utilisation mixte des armes, au corps à corps ou au lancer; en raison de cette seconde utilisation, la longueur totale ne peut excéder 2 m.

On peut tout de même envisager plus en détail la chronologie d'utilisation de ces armes sur le champ de bataille. L'un des deux fers est en effet plus étroit, ce qui doit correspondre à une javeline jetée en premier lieu sur l'adversaire; l'autre étant plus large doit correspondre à un fer de lance utilisé d'estoc au moment d'entrée en contact, à une distance respectable pour que l'arme reste dangereuse, soit dans un rayon d'action d'environ deux mètres. Enfin, une fois cette seconde lance abandonnée, soit par rupture de la hampe, soit par l'adoption par l'adversaire d'une arme plus courte (telle que l'épée), notre guerrier se servira à son tour de son épée.

Roi tribal
Marne
Vers 400 av. J.-C.

L'invasion de l'Italie

La situation des Celtes transalpins est partiellement connue grâce à l'archéologie et un texte de Tite-Live. Cet historien latin du Ier siècle av. J.-C. mentionne un roi biturige nommé Ambigat, qui, selon une ancienne tradition, aurait envoyé ses deux fils s'établir dans de nouveaux territoires. Mais l'auteur fait correspondre cette anecdote à la fondation de Marseille, vers -600, en préambule de l'invasion de l'Italie et de la prise de Rome. Or deux cents ans environ séparent ces deux évènements. Si cet épisode a eu lieu, nous ne sommes pas certains de son contexte historique, mais on peut penser qu'il fait peut-être partie de plus vastes mouvements migratoires ayant abouti à l'installation brutale et durable des Gaulois sénons, boïens, cénomans et insubres dans le nord de l'Italie ; implantation qui s'achève au début du IVe siècle av. J.-C.

Il ne fait aucun doute que c'est par la guerre que la puissance celtique s'affirme ; ce sera le cas durant toute son histoire ! Un évènement majeur fera alors date dans tout le monde méditerranéen. Voici ce qu'en dira Plutarque, au IIe siècle apr. J.-C. : « *il arriva du couchant la nouvelle qu'une armée, sortie de chez les Hyperboréens, avait pris une ville grecque appelée Rome, et située quelque part là-bas, près de la Grande Mer.* » Rome est alors une des plus puissantes villes d'Italie. Les conflits entre les Étrusques et les Gaulois l'obligeront à intervenir pour tenter de mettre un terme aux rivalités, de façon diplomatique… pour commencer tout du moins.

18 juillet -387 : La bataille de l'Allia et la prise de Rome

Assiégée par les Gaulois, la ville étrusque de Clusium fait appel à Rome qui envoie des ambassadeurs. Mais, contrairement aux lois de la guerre, ces derniers participent au combat aux côtés des Clusiniens. Aussi les Sénons font-ils le vœu de punir les responsables et marchent sur Rome. Diodore de Sicile parle d'une armée de 70 000 hommes. La rencontre avec les Romains a lieu sur les bords de l'Allia, un affluent du Tibre, à une quinzaine de kilomètres de la cité. Les Romains se rangent en ordre de bataille. Ils placent leurs meilleures troupes en ligne depuis la rivière jusqu'aux collines, et disposent les moins expérimentés sur les éminences les plus élevées. Les Gaulois font de même, mais placent leurs bataillons d'élite sur les collines face aux troupes inexpérimentées. À la première charge, les lignes romaines éclatent et refluent en désordre. Le chaos est total. L'annonce du désastre provoque la panique à Rome. Les habitants fuient, et mettent pour certains leurs biens à l'abri dans la citadelle du Capitole. Les Gaulois entrent dans la ville sans coup férir, et ne trouvent que de vieux sénateurs qu'ils massacrent. Ils entreprennent ensuite le siège du Capitole, qui durera sept mois. Les Romains doivent négocier le départ de l'ennemi contre une très forte rançon. Mais les Gaulois utilisent des poids truqués pour peser l'or, et devant l'indignation des Romains, le chef gaulois nommé Brennos jette sa lourde épée sur la balance en prononçant la célèbre phrase : « *Væ victis !* » (Malheur aux vaincus !).

L'équipement

Bien loin des péripéties guerrières du nord de l'Italie, le nord-est de la France est probablement aussi le théâtre de luttes fratricides. Ce secteur géographique est particulièrement riche en tombes de guerriers inhumés avec leur véhicule de combat : un char à deux roues, tracté par deux chevaux. Les échanges commerciaux entre le nord de la France et l'Italie sont clairement attestés comme l'indique la présence d'objets importés, tels que des cruches à vin en bronze étrusques.

Il apparaît certain que ces hommes appartiennent à l'élite guerrière ; probablement sont-ils des rois ou roitelets. Bien souvent les objets retrouvés témoignent d'un savoir-faire remarquable dans le travail des métaux : phalères ajourées ornant les harnachements de chevaux, casques coniques de bronze, longues épées dans leur fourreau métallique, pointes de lance et de javelot…

La tombe à char de la Gorge-Meillet (Somme Tourbe, Marne), actuellement datée du tout début du IVe siècle av. J.-C., et de Somme Bionne (Marne), datée quant à elle de la seconde moitié du Ve siècle av. J.-C., sont nos principales sources pour la restitution de ce personnage. La tombe à char de la Gorge-Meillet, découverte en 1876, est actuellement considérée comme la mieux documentée.

Notre chef est au pied de son char de combat, dont les chevaux ont été détachés. La richesse de son équipement témoigne de son statut social élevé, sans doute au sommet de la hiérarchie. Pour rejoindre son armée, il a revêtu son plus bel équipement.

Durant la période estivale, ce seigneur porte une paire de braies en lin avec une paire de bottes montant jusqu'au-dessous du genou, ainsi qu'une tunique de lin écrue. Par-dessus, il a enfilé une cuirasse de cuir. Cet exemplaire hypothétique se base sur l'art lapidaire celtique du Ve siècle av. J.-C., présentant des guerriers portant un vêtement identifié aujourd'hui comme étant très certainement une cuirasse, mais aussi d'après quatre boutons de bronze présents sur le torse du guerrier de la tombe à char de la Gorge-Meillet. Les motifs sont également hypothétiques, mais s'inspirent de l'art celte en vigueur à l'époque contemporaine de notre personnage.

Notre restitution de la cuirasse est faite de deux couches successives. La première constitue la base : le plastron et la dossière, d'une épaisseur d'environ 4 mm. Par-dessus est ajusté un second plastron fait à partir d'un cuir d'environ 2 mm d'épaisseur. Un bouclier dorsal prolongé par deux bretelles garantit le dos.

Nous avons choisi de présenter les quatre petites phalères de bronze, ornées de rosaces, comme étant fonctionnelles. Elles pourraient servir à la fixation des bretelles de la dossière pour assurer le maintien de l'ensemble. Les motifs sont en majeure partie peints directement sur le cuir, et les bordures sont travaillées par incision. L'ornement central du plastron représentant un visage d'homme barbu, coiffé d'une feuille de gui et encadré de dragons, est tiré de la poignée de la cruche de bronze de Waldalgesheim (Rhénanie-Palatinat, Allemagne) ; les bandes en diagonale s'inspirent de la statue d'homme assis de Roquepertuse (Bouches-du-Rhône), dont on sait qu'elles étaient peintes en rouge, et les svastikas garnissant les vides de chaque losange sont issus du casque de bronze de la tombe à char de la Gorge-Meillet. Les petits dessins au bas des lambrequins sont formés d'une palmette issue du répertoire figurant sur le casque en bronze de la tombe à char de Berru (Marne). Le disque central du bouclier dorsal présente quant à lui plusieurs motifs successifs. Les deux premiers registres sont copiés d'après une des phalères découvertes dans la tombe à char de la Gorge-Meillet. Le registre externe reprend la frise gravée sur le casque de Berru, de même que les quatre palmettes en péri-

phérie. Le couvre-nuque est décoré de quatre animaux fantastiques : deux griffons surmontant une paire de dragons, issus d'une boucle de ceinture en bronze provenant d'Italie (San Paolo d'Enza), qui trouve des similitudes avec des exemplaires marniens. Enfin, chaque bretelle est décorée d'un dragon surmonté d'esses enchaînées.

Il est tout à fait probable, cependant, que les motifs repris ici soient à l'origine destinés à décorer uniquement les objets sur lesquels ils figurent. En revanche, si on considère que ces symboles sont magiques, alors on peut supposer qu'ils aient été aussi représentés sur l'armement, dont les cuirasses font partie, comme garants de la protection divine et/ou du statut social du guerrier.

Un casque de bronze, inspiré du modèle de la tombe à char de Berru, protège la tête. Ces casques caractéristiques de la période sont dépourvus de garde-joues métalliques, toutefois, le timbre est garni de deux trous permettant la fixation de deux courroies destinées à assurer le maintien du casque sur la tête. Évidemment on ignore si ces courroies furent de simple lacets ou des pièces élaborées en cuir et couvrant au mieux les joues.

La forme en entonnoir n'est sans doute pas anodine, puisqu'elle permettrait de dévier des coups portés à la tête de haut en bas. Enfin, la notion ostentatoire n'est pas à écarter sur ce genre de pièce, compte tenu de la fonction hiérarchique de notre guerrier : il est indispensable qu'il soit vu de tous.

Une grande épée est suspendue au côté droit dans un fourreau bimétallique de fer et de bronze inspiré de l'exemplaire découvert dans la tombe à char de Somme Bionne (Marne). Les vestiges des ceinturons de cette époque sont constitués de plusieurs anneaux et d'un crochet de fermeture. Il apparaît certain que ces anneaux sont tous fonctionnels et servent au maintien et à la fixation de courroies de tension attachées au pontet du fourreau, et garantissant sa stabilité et sa position inclinée. Le ceinturon de suspension s'élargit au niveau de la fixation du fourreau pour assurer une meilleure stabilité de l'arme. La fermeture se fait au moyen d'un crochet ouvragé représentant deux paires de dragons imbriquées encadrant un homme. Un parallèle

peut d'ailleurs être fait avec les statues de bois retrouvées dans des sanctuaires, beaucoup plus récentes (IIe et Ier siècles av. J.-C.), montrant la persistance à travers les siècles du thème de la figure humaine encadrée d'animaux fantastiques ou réels. Il s'agit souvent d'un homme tenant de chaque côté un animal, tel que des cerfs ou des chèvres ; le couple de chèvres affrontées du puits cultuel de Fellbach Schmiden (Bade-Wurtemberg) présente encore les mains du personnage central, aujourd'hui disparu, sur le corps des deux animaux. On peut ajouter aux sculptures deux des plaques du chaudron de Gundestrup, représentant une tête prolongée de deux bras tenant un animal fantastique pour l'un et des cerfs pour l'autre.

Le bouclier est absent de la documentation archéologique des deux tombes à char servant de référence à notre restitution. Selon toute vraisemblance, le bouclier n'est pas déposé dans la tombe, à moins qu'il ne soit conçu entièrement en matière périssable. Toutefois, quelques garnitures métalliques de bouclier ont été découvertes dans des tombes de guerriers de la seconde moitié du Ve siècle av. J.-C., et l'iconographie celtique nous prouve son existence. Nous avons choisi d'associer à notre restitution un bouclier conçu d'après les garnitures métalliques découvertes à Saint-Étienne-au-Temple (Marne). Cette association, peut-être critiquable, permet de présenter un autre type de bouclier, blindé cette fois, contemporain des guerriers à char de la fin du Ve siècle et du début du siècle suivant. Ce bouclier est donc tout en bois. La par-

tie centrale est renforcée par une *spina* de chêne d'environ 40 cm de longueur ; elle-même est renforcée par un *umbo* de fer dont chacune des deux parties est prolongée par une ailette permettant la fixation des deux pièces sur la planche. Enfin, la *spina* et l'*umbo* sont recouverts d'un orle en fer courant sur toute la longueur de la planche. Le plat est dépourvu de tout ornement. Ce choix tient compte du fait que nous ne pouvons pas écarter l'hypothèse d'un bouclier vierge de tout symbole.

La restitution du char de combat est basée sur les études concernant ce sujet, notamment la restitution d'un char réalisée à partir d'éléments conservés du IIIe siècle av. J.-C., entre autres dans le lac de Neuchâtel (Suisse), et d'éléments métalliques des tombes à char des Ve et IVe siècles (voir le char de combat p. 46-49).

Il s'agit d'un char à caisse suspendue, technique encore utilisée pour la conception des voitures jusqu'au XIXe siècle. L'arrière du châssis est prolongé de deux pattes recourbées sur lesquelles sont fixées des pièces de fer articulées, fréquemment retrouvées dans les tombes à char, permettant l'attache d'un cordage. Celui-ci est relié au timon, sa tension se fait au moyen d'un garrot se bloquant sur le timon ; la caisse est ensuite posée dessus et assujettie au moyen de puissantes ligatures.

Un char de ce type a été réalisé en Suisse, au Schweizerisches Landesmuseum de Zurich, à partir d'éléments retrouvés dans le lac de Neuchâtel. Ce char a été attelé et essayé. Son auteur indique que la suspension de la caisse assure une stabilité optimale durant la course.

La caisse de notre char est protégée par deux ridelles faites chacune de deux planches en osier tressé et fixées sur un cadre en bois. Ces ridelles peuvent servir à y fixer des rangements pour l'armement, notamment un carquois garni de javelines, un crochet pour y accrocher le bouclier.

Le char de combat

Le char de combat utilisé par les Gaulois est cité pour la première fois par Tite-Live lors de sa description de la bataille de Sentinum en -295. Pourtant, les découvertes archéologiques nous indiquent qu'il est employé dès le Ve siècle av. J.-C. Polybe les mentionne à nouveau, pour la dernière fois concernant les Celtes continentaux, lors de la bataille de Télamon en -225. César les décrit également dans ses *Commentaires de la Guerre des Gaules* lorsqu'il combat les Celtes insulaires de Grande-Bretagne.

Les découvertes archéologiques mettent également à notre disposition des pièces de monnaie sur lesquelles figurent des chars de combat, des pièces métalliques de véhicules retrouvées dans les tombes à char (le bois ayant généralement entièrement disparu), enfin quelques pièces exceptionnelles de bois, notamment des jougs, retrouvées dans le lac de Neuchâtel en Suisse.

La morphologie de ces chars est relativement simple : ils ont deux roues, une caisse pour accueillir conducteur et guerrier, et un axe, le timon, terminé par un joug pour y attacher deux chevaux. Cette simplicité est relative, car les restitutions montrent la complexité de la réalisation d'un tel véhicule. Pour le reconstituteur, il s'agit de « compiler » ces documents divers et d'y associer le savoir-faire des charrons pour la fabrication des

roues, puis de réfléchir aux contraintes mécaniques. Plusieurs chars ont ainsi été reconstruits de nos jours. Il en existe deux types : les premiers sont munis de suspensions pour la caisse, les seconds n'en ont pas.

Dans le second cas, la réalisation est plutôt simple. Si on exclut la fabrication des roues, pour le premier, la suspension de la caisse oblige à élaborer des systèmes avec plus ou moins de succès.

Le principe de suspension des caisses est un concept longtemps conservé dans la fabrication des véhicules hippomobiles, jusqu'à l'apparition des suspensions à lamelles que l'on peut voir sur les chariots du Far West !

Le second char de combat présenté ici a été reconstruit par Werner Bodensteiner, avec le concours d'un charron professionnel de Thuringia en Allemagne, à partir de sources parcimonieuses. Le bois utilisé pour cette reconstruction est essentiellement du chêne et du frêne. Au total, le char mesure 4,10 m de longueur sur 1,45 m de largeur. La hauteur est d'1,50 m pour un poids de 110 kg. L'axe des roues, d'une longueur d'1,35 m, est constitué d'une seule pièce de frêne. Toutes les parties métalliques sont réalisées en bronze et en fer, comme le confirme l'archéologie.

L'habitacle du conducteur (la caisse), d'1 m de largeur pour 1,40 m de longueur, est fixé à l'axe des roues d'un diamètre de 90 cm, et au timon d'une longueur de 2,70 m.

Deux « Fjords », dont la taille est semblable à celle des chevaux de l'époque, sont chargés de la traction de l'engin. Les parties métalliques comme les anneaux utilisés pour le harnachement et le joug ont été réalisées en laiton fondu à l'identique, d'après des pièces de fouilles. Tout le harnachement est réalisé en cuir sans aucune boucle à ardillon, car elles étaient inconnues chez les Celtes. Le harnachement, le timon, le joug et les pièces de cuir ont aussi été réalisés d'après l'iconographie de l'époque et ont prouvé qu'ils étaient parfaitement fonctionnels, car ce char a été capable de parcourir 60 km par jour sans aucun problème lors d'une expérimentation.

Les essieux accueillant les deux roues sont coniques et s'emboîtent parfaitement dans les moyeux, eux-mêmes coniques, qui accentuent avantageusement la stabilité. Les roues sont maintenues en place grâce à deux clavettes de fer. Dans la plupart des tombes à char, les têtes de ces clavettes sont très souvent plaquées de bronze finement ouvragé. Contrairement aux roues de chariot encore construites au XXe siècle, qui ont des jantes réalisées en plusieurs parties, l'exemplaire découvert dans le lac de Neuchâtel présente une jante faite d'un seul tenant.

César décrit comment les Bretons se servaient de leurs chars : « *[...] Ils (les chars) commencent par courir de tous côtés en tirant (des javelots ?) : la peur qu'inspirent leurs chevaux et le fracas des roues suffisent en général à jeter le désordre dans les rangs ; puis, ayant pénétré entre les escadrons, ils sautent à bas de leurs chars et combattent à pied. Cependant, les conducteurs sortent peu à peu de la mêlée et placent leurs chars de telle manière que, si les combattants sont pressés par le nombre, ils puissent se replier sur eux [...]* » (B.G., IV, 33).

Dans la description de César, il s'agit d'une embuscade tendue aux fourrageurs romains. Le combat s'effectue à distance au moyen d'armes de jet. On peut supposer que les chars de combat tournent autour des légionnaires romains, puis que les guerriers ayant épuisé leurs javelots, les chars sont amenés jusque dans les rangs ennemis et que le combat continue à pied et à l'épée.

Tite-Live, dans sa description de la bataille de Sentinum, vers -295, indique que les chars de guerre gaulois sont mêlés à ce qui semble être des véhicules de transport, et s'en prennent à la cavalerie romaine :

« *[...] Ils (les Romains) repoussèrent la cavalerie gauloise à deux reprises ; la seconde fois, ils allèrent plus loin et s'apprêtaient à se battre contre les escadrons ennemis quand un combat d'un genre nouveau les terrifia : les ennemis surgirent en armes, debout sur des chars de guerre et des voitures, avec un grand bruit de sabots et de roues et ce vacarme effraya les chevaux romains qui n'y étaient pas habitués [...]* » (X, 28).

La cavalerie romaine est refoulée vers les bataillons d'infanterie, jetant le désordre.

On comprend que les chars de combat ne peuvent être utilisés que dans des conditions précises. Ils sont généralement intégrés à la cavalerie qui a en charge les ailes de l'armée déployée. Ainsi, les chars peuvent engager le combat contre l'infanterie suivant la description de César, c'est-à-dire en longeant d'abord le front ennemi en le criblant de javelots jusqu'à épuisement des munitions. Cela sous-entend que le terrain est dégagé de tout obstacle, et que l'infanterie gauloise demeure à bonne distance du bloc ennemi, sans quoi les chars ne disposeraient pas de l'espace nécessaire pour circuler et exécuter les manœuvres de retournement. Pénétrer dans les escadrons adverses suppose au contraire de charger de front. La peur de cette charge devant l'imminence de la percussion incite à dégager des espaces, d'où le désordre décrit par César.

Dans le second cas, les chars sont employés contre la cavalerie ennemie, aux ailes ; le but principal de ces attaques étant de déborder l'armée adverse pour l'attaquer sur ses flancs et ses arrières. Il s'agit donc de repousser la cavalerie ennemie ; en cas de succès, les chars peuvent longer les alignements d'infanterie ennemie et jeter des traits.

Une fois de plus, comme nous le verrons dans l'encadré dédié à l'art de la guerre, nous avons une preuve de la tactique guerrière gauloise basée sur le dynamisme de ses troupes à pied ou montées ; tactique conservée durant de longues décennies et ayant peut-être inspiré les Romains, peu après leur première défaite face aux Gaulois en 387 av. J.-C.

Chef sénon
Région d'Ancône, Italie
Vers 360 av. J.-C.

Le pillage de l'Italie

Après leur entrée fracassante dans le monde méditerranéen, dont la bataille de l'Allia et la prise de Rome furent la première conclusion, on pourrait imaginer la paix entre les anciens ennemis. Il n'en est rien et les Gaulois ne restent pas inactifs. Vers -368, certains d'entre eux proposent leurs services, en tant que mercenaires, à Denys de Syracuse en Sicile. Celui-ci expédie des contingents de mercenaires gaulois aider les Macédoniens en lutte contre la cité de Thèbes (Grèce).

Les Gaulois installés alors dans la plaine du Pô doivent encore lutter contre leurs semblables transalpins continuant de passer les Alpes. Cela n'empêche pas certains chefs d'entreprendre des razzias vers le sud de la péninsule, notamment dans le Latium et la Campanie.

Ces incursions répétées dans les environs directs de Rome amènent cette dernière à réagir et à combattre à nouveau les Gaulois. Vers -361, ces derniers s'allient aux Tiburtins alors en guerre également contre Rome. Une première rencontre des armées gauloise et romaine s'effectue sur les bords de l'Anio. La bataille n'a visiblement pas lieu et les Gaulois se réfugient chez les Tiburtins. La guerre se conclut en territoire tiburtin par la défaite de l'alliance gallo-tiburtine. Toutefois, les incursions gauloises continuent dans le Latium et les troupes romaines sous la conduite du dictateur Sulpicius remportent une nouvelle victoire ; le butin pris aux Gaulois est enfermé dans le Capitole (Tite-Live, livre VII).

Enfin, vers -350, les Gaulois réunissent une immense armée à nouveau dans le Latium qui sera vaincu, après un combat difficile, ouvrant sur une cessation des combats durant treize années, puis sur un traité de paix vers -331 qui sera respecté jusqu'au début du IIIe siècle av. J.-C.

La légende de Manlius Torquatus

« Que vienne ici se battre le meilleur soldat de Rome, afin que le résultat du combat montre quel peuple est le plus fort à la guerre ! » Voici les paroles qu'aurait prononcées un gigantesque Gaulois, sur un pont jeté sur l'Anio, une rivière à quelques kilomètres de Rome, séparant l'armée gauloise et l'armée romaine, commandée par le dictateur Titus Quinctius Poenus (Rome désignait un dictateur en cas de crise majeure, il démissionnait une fois celle-ci réglée).

Alors un jeune homme nommé Titus Manlius, de noble naissance, quitta sa place et demanda l'autorisation au général d'affronter le Gaulois. La demande fut acceptée. Le jeune homme s'arma et s'avança sur le pont. D'un côté un colosse en tenue bigarrée portant des armes incrustées d'or, de l'autre un soldat de taille moyenne vêtu plus sobrement.

Le combat fut bref et remporté par le Romain. Le Gaulois fondit comme une masse sur le Romain et asséna un formidable coup de bouclier, le Romain encaissa le coup et pénétra sous la garde du Gaulois, frappant deux fois au ventre et une fois à l'aine. Titus Manlius se saisit du torque du guerrier gaulois, ce qui lui valut le surnom de Torquatus. Ce combat singulier aurait réglé l'issue de la guerre et les Gaulois levèrent le camp à la faveur de la nuit (Tite-Live, VII).

Il semblerait que cette histoire soit une invention, car elle met en scène le comportement des deux antagonistes que sont Rome et les peuples gaulois (R. Bloch).

L'équipement

Le guerrier représenté ici est sans aucun doute le plus atypique. Celui-ci évolue en Italie, et son équipement est directement influencé par ses voisins italiques. Toutefois, les ornements couvrant la majeure partie de ses armes sont bien celtiques. En observant la qualité et la somptuosité de son équipement, nous pouvons en conclure qu'il s'agit d'un chef, voire d'un roi. De par son statut, on serait tenté de croire qu'un tel individu ne s'affiche pas en première ligne au risque d'y périr, car sa mort pourrait déstabiliser les troupes qu'il conduit. Pourtant, il semble que même les plus grands chefs gaulois prenaient part aux combats ; leur exemple servant à galvaniser l'énergie et la pugnacité de leurs hommes. Le chef doit donc être vu, par les siens et par l'ennemi : les premiers pour les commander, les seconds pour les impressionner.

Les artefacts archéologiques utilisés pour la restitution de cet équipement, l'épée et son fourreau ainsi que le casque, proviennent de deux lieux différents d'Italie. L'épée et le fourreau sont issus de la tombe n° 22 de la nécropole de Filottrano (aux environs d'Ancône), territoire occupé à l'époque qui nous intéresse par les Sénons ; le casque a été découvert quant à lui dans un hypogée italique, à Canosa di Puglia (dans les Pouilles), accompagné d'objets datés de la fin du IVe siècle av. J.-C. S'il est peu probable qu'à cette époque le propriétaire de l'épée ait porté le casque de Canosa, nous avons choisi de les associer sur un seul homme, car ils sont représentatifs de cette époque. Ainsi, un grand chef aurait très bien pu être équipé avec des armes très similaires.

Le casque est en fer recouvert de tôle de bronze, ornée au repoussé et incrustée de corail. L'original ne comporte pas de paragnathides (garde-joues), mais nous avons choisi d'en ajouter en suivant l'exemple d'un autre casque somptueux découvert en France, le fameux casque d'Agris, entièrement couvert d'or et orné également de corail. Ces deux couvre-chefs sont très vraisemblablement contemporains. Les ornements des garde-joues de notre restitution reprennent

les registres du timbre. Le cimier est hypothétique, mais tient compte de la présence d'anneaux de fixation sur l'original. Au final, cette pièce est relativement lourde – environ 1 kg – et nécessite un solide sanglage pour une bonne tenue sur la tête.

Le fourreau de l'épée est constitué de fer et de bronze. L'original ne possédait pas de bouterolle ; des traces de sa présence étaient toutefois visibles. Le fer est utilisé pour la conception de la plaque de revers, car cette dernière comporte le pontet, autrement dit la pièce permettant la fixation du fourreau à la ceinture (voir chapitre concernant les fourreaux p. 69-70). Les contraintes mécaniques, importantes à cet endroit, nécessitent en effet l'usage de matériaux résistants ; le fer s'imposait donc logiquement à l'artisan. L'épée de fer est un modèle relativement large, avec une nervure centrale. La poignée est en matériau périssable : du buis pour la croisière et le pommeau, de l'os pour la fusée, sculptée pour une bonne préhension. Le poids de l'arme n'excède pas 600 g.

L'épée est portée à droite, grâce à un système de suspension conçu de sorte que le fourreau demeure incliné, libérant ainsi la jambe de toute gêne. Le ceinturon ne comporte pas de crochet de fermeture, à l'inverse de celui des guerriers des époques précédentes. Il a donc fallu imaginer un système sans crochet ; il s'agit ici d'un lacet passé dans un trou aménagé dans l'un des brins de la ceinture. Ce système a l'avantage de n'utiliser qu'un minimum de métal, seulement trois anneaux, dont deux sont assujettis au pontet au moyen d'une solide ligature. Toutefois, nous ne comprenons pas pourquoi le crochet présent au Ve siècle av. J.-C. disparaît durant la quasi-totalité du siècle suivant. Le ceinturon est couvert d'une ceinture de tissu ornée tout à fait hypothétique.

Au IVe siècle av. J.-C., le bouclier semble disparaître de l'équipement militaire. Il faut préciser que cette pièce d'équipement en matériaux organiques ne laisse généralement aucune trace de son existence, si ce n'est les pièces métalliques l'ayant constituée à certaines époques (orles, clous, *umbo*). Il nous semble peu probable cependant que le bouclier ait disparu, car il s'agit d'une pièce de protection fondamentale pour des guerriers partiellement couverts. La sculpture du bouclier de Camarina (en Sicile), en pierre et à l'échelle un, a servi de base à la restitution de ce bouclier tout en bois. Le plateau est constitué de deux planches assemblées dans le sens de la longueur et couvertes d'une couche de tissu de lin. La nervure centrale, ou *spina*, courte, est fixée au moyen de tourillons insérés obliquement. La poignée horizontale s'insère par le devant de la planche et est rendu solidaire par ajout de la *spina*. Les ornements, toujours hypothétiques, tiennent compte de l'art en vigueur visible sur le casque et le fourreau. Le registre périphérique s'inspire quant à lui des motifs gravés sur le fourreau contemporain en bronze de Moscano di Fabriano. Le poids de l'arme n'excède pas 4 kg.

La cuirasse est directement conçue selon les modèles précédents. La différence est qu'elle est constituée de plusieurs couches de lin encollées, à l'exemple de la *linothorax* grecque. Nous avons envisagé cette possibilité afin de montrer toutes les solutions offertes à cette époque; il s'agit une fois de plus d'une hypothèse! Deux phalères de bronze ornées de triscèles servent à la fixation des bretelles. Les motifs peints reprennent les ornements du casque et du fourreau.

Tous les motifs présentés ici sont typiques de l'art celtique du IVe siècle av. J.-C., baptisé « style végétal continu ». Le fourreau de Filottrano (Italie) est considéré comme une pièce majeure car sans doute la plus ancienne connue. Des visages humains très stylisés sont encadrés par deux triscèles, eux-mêmes liés entre eux par des rinceaux.

Enfin, notre guerrier est équipé de cnémides (protège-tibias), très en vogue dans le bassin méditerranéen. Bien que ces pièces d'équipement ne soient pas attestées pour les Gaulois, il est possible que ceux qui ont été en contact direct avec les peuples méditerranéens en aient parfois porté. On peut imaginer de même que le doux climat du sud de l'Europe ne devait pas contraindre les hommes à s'affubler des fameuses braies gauloises en été.

Mercenaire
Ambassade auprès d'Alexandre le Grand
Région danubienne
Vers 335 av. J.-C.

Les évènements de la fin du IVe siècle av. J.-C.

Les peuples celtes établis en Italie du Nord semblent se tenir tranquilles. Quelque temps du moins, car à la fin du IVe siècle av. J.-C., de nouveaux mouvements de populations au-delà des Alpes conduisent les Gaulois cisalpins à faire mouvement vers le sud et à entrer de nouveau en guerre contre Rome. Plus à l'est, nous ne possédons que le témoignage de Polybe et des découvertes archéologiques pour connaître l'histoire des Celtes d'Europe septentrionale, où les mènent leurs opérations militaires, notamment contre les Illyriens à la fin du IVe siècle av. J.-C. Durant une cinquantaine d'années, des razzias sont menées dans leurs territoires et, vers -310, les Autariates sont vaincus. Une ambassade celtique est même envoyée auprès d'Alexandre le Grand vers -335, dans la région du Danube, puis à Babylone vers -324.

Par la suite, une armée gauloise porte la guerre en Thrace, y fait du butin et s'en retourne vers ses territoires d'origine. À la mort d'Alexandre, des mercenaires gaulois proposent leurs services à ses successeurs, jusqu'en Afrique. Ces évènements préfigurent la future « Grande Expédition » vers la Grèce, qui se soldera par une défaite devant Delphes.

Rencontre avec Alexandre

C'est durant l'année -335 qu'une ambassade gauloise se rend auprès d'Alexandre le Grand, alors que celui-ci combat les Triballes, un peuple de Thrace. L'un des généraux macédoniens, du nom de Ptolémée, qui régnera ensuite sur l'Égypte, témoigne en ces termes de l'entrevue : « *Alexandre, qui avait accueilli les Celtes avec cordialité, leur demanda dans les fumées du vin ce qu'ils craignaient le plus, persuadé qu'ils allaient le désigner lui-même ; mais ces derniers répondirent qu'ils ne redoutaient personne, qu'ils craignaient seulement la chute du ciel sur leur tête. [...] Qu'ils plaçaient plus haut que tout l'amitié d'un homme comme lui* ». Suite à cette ambassade, Alexandre se serait déclaré l'ami des Celtes.

Ce témoignage montre que les aristocrates gaulois étaient bien intégrés dans les évènements européens de cette époque, et qu'ils étaient parfaitement au fait des tractations politiques du monde méditerranéen. On peut également en déduire que toutes leurs décisions furent longtemps mûries, et qu'ils attendaient le moment propice pour se lancer dans des aventures militaires aussi fracassantes que celle qui s'était soldée par la prise de Rome et l'installation en Italie du Nord un siècle plus tôt.

L'équipement

Durant toute l'histoire militaire celtique, l'armement n'a cessé de se modifier, et quelle que soit la période étudiée, en l'occurrence la fin du IVe siècle av. J.-C., il n'existe pas une seule arme parfaitement identique. Toutefois, certains types se côtoient et quelques-uns d'entre eux s'avèrent très particuliers. C'est le cas de la panoplie de notre personnage.

Comme nous l'avons déjà mentionné au long de ces pages, les guerriers gaulois ne semblent pas cantonner leurs activités au sein de leur territoire ou chez leurs voisins les plus directs, loin s'en faut, comme le suggère la technologie de l'armement relativement homogène sur l'ensemble des territoires continentaux occupés par les Celtes. Les armes que porte notre homme se retrouvent dans l'aire danubienne et dans le grand Est de la France, principalement dans la région parisienne, la zone champenoise et marnienne.

Notre guerrier est équipé, outre de sa lance et de son bouclier, d'une épée et de son fourreau d'un type particulier baptisé « Hatvan Boldog », du nom du site hongrois ayant révélé une découverte du même type. Ils sont ici inspirés des artefacts de la tombe n° 1040 de la nécropole de Gouaix (Haute-Grève, Seine-et-Marne), fouillée en 2001. Les études ont conduit les spécialistes à identifier deux familles distinctes d'épées et de fourreaux « Hatvan Boldog ». Il s'agit toujours d'épées courtes et étroites gainées dans des fourreaux de fer munis d'une volumineuse bouterolle. Le premier type, correspondant à celui qui est présenté ici, comprend les épées d'une longueur totale d'environ 65 cm, à fortes arêtes médianes, munies d'une poignée avec rivets, et rangées dans des étuis de fer à larges bouterolles ajourées, pourvues de nervures centrales calibrées sur les gouttières latérales et d'une paire de griffons gravée à l'entrée. Le second type englobe les épées à section losangique légèrement plus courte, avec poignée munie de rivets, plus courte que le premier type, dont l'extrémité est ornée d'une applique de fer décorée. Ces épées sont gainées dans des fourreaux à larges bouterolles ouvragées, sans nervure centrale sur la plaque d'avers, et décorés d'une large frette à cabochons ornés de triscèles.

La distinction entre ces deux familles semble indiquer une volonté de différencier des catégories de guerriers, qui coexistent avec d'autres combattants, équipés quant à eux d'armes plus « standard », généralement plus longues et plus larges. Il faut préciser que les porteurs d'épées de type Hatvan Boldog sont toujours armés d'une lance avec un fer très court, proche du javelot – arme exclusivement prévue pour le jet –, au contraire des guerriers équipés d'épées plus longues et utilisant des lances aux fers plus imposants. La signification de l'ornementation de l'entrée des fourreaux demeure hypothétique, mais il est certain que la nette différence entre la paire de griffons d'un côté et la frette à triscèles de l'autre, associé à l'utilisation d'une sorte de javelot, plaide pour une organisation militaire faisant appel à plusieurs spécialités. André Rapin, spécialiste reconnu des guerriers gaulois, voit dans ces guerriers particuliers des estafettes chargées de distribuer les ordres, ou de sillonner l'Europe à la recherche de mercenaires. Cette idée se base essentiellement sur la robustesse des fourreaux, notamment en raison du volumineux pontet, logiquement soumis à de fortes contraintes. On peut y voir aussi la marque des confréries guerrières intertribales, mentionnées par Polybe.

En réalité, les armes étant en premier lieu destinées au combat, leur morphologie dépend directement du type de combat mis en œuvre. C'est d'abord dans ce sens que les interprétations doivent se faire, mais cela n'écarte en rien les fonctions secondaires du guerrier que semblent nous indiquer ces armes. Notre individu porte deux tuniques de lin sous sa cuirasse. Cette dernière, hypothétique, est en cuir épais, doublée sur le devant et agrémentée de losanges. Les épaulières sont de forme rectangulaire et rappellent les modèles grecs. Un griffon est gravé sur chaque épaulière et ils se font face, à l'exemple de la paire de griffons ornant l'entrée du fourreau. Il porte des braies de laine et une paire de chaussures montantes. Par-dessus la cuirasse, un sayon est agrafé au moyen d'une fibule de bronze de type « Duchcov » (Bohême), nom éponyme du site ayant fourni

une remarquable collection de fibules de ce type, en vogue durant la seconde moitié du IVe siècle av. J.-C.

Sur un ceinturon de cuir, l'épée est portée à droite au moyen de grands anneaux de bronze fixés sur le volumineux pontet du revers du fourreau. Découverts au nombre de trois dans la tombe 1040 de la nécropole de Gouaix, ces anneaux sont en fer, mais de section plate et pleins.

Il n'existe aucun crochet pour fermer la ceinture ; seul un trou percé à une extrémité sert de fermoir au moyen d'un lacet placé à l'autre bout. Une large ceinture de tissu, tout à fait hypothétique, protège le laçage.

L'énorme bouterolle du fourreau nécessite un maintien solide au côté droit. Le ceinturon est donc élargi en forme de triangle à cet endroit, et un laçage solidarise l'ensemble tout en maintenant incliné le fourreau au moyen de ligatures de tension reliées au deux anneaux fixés sur le pontet.

Comme indiqué plus haut, notre homme porte une lance munie d'un petit fer robuste, qui semble plus destinée au jet ; la taille totale ne dépassant guère 1,80 m. Il se protège derrière un bouclier. L'absence de documentation archéologique pour cette pièce d'équipement durant le IVe siècle av. J.-C. ne prouve pas nécessairement son inexistence. En effet, l'apparition des pièces métalliques de renfort à la fin du IVe siècle av. J.-C. indique que ce bouclier existait, héritier de la forme bien documentée du Ve siècle av. J.-C.

Ce dernier est donc tout en bois et reprend les dimensions du bouclier sculpté grandeur nature de Camarina (Sicile). L'ornementation hypothétique reprend le thème des griffons affrontés figurant sur l'entrée du fourreau. Il ne porte pas de casque, celui-ci n'étant jamais présent dans les sépultures de ce type de guerrier. Sa tête est tout de même légèrement protégée d'un bandage de lin, notamment pour protéger le front du bouclier qui dans certains cas peut basculer violemment contre la tête.

Notre guerrier peut évoluer autant à cheval qu'à pied. Sa lance, en effet, plus proche du javelot, peut être lancée à cheval sur l'adversai-

re, ce qui est la tactique la plus employée à cette époque au sein des cavaleries méditerranéennes ; la tactique de charger l'ennemi de front pour ouvrir une brèche dans ses rangs ne sera réellement possible qu'avec l'apparition de l'étrier, plusieurs siècles plus tard. Ensuite, la taille réduite de l'épée oblige le combattant à se battre pied à terre. Toutefois, on peut douter de cet emploi de l'armement, car le cavalier se doit de posséder plusieurs javelots pour pouvoir effectuer plusieurs passages (il est cependant possible qu'un seul javelot ait été déposé dans les tombes de ces guerriers).

Il est plus vraisemblable que ce guerrier combatte principalement à pied, lançant d'abord son javelot sur l'ennemi pour tenter de l'abattre à distance ou, à défaut, neutraliser son bouclier, et qu'ensuite le combat se poursuive à l'épée au corps à corps. Notons que cette panoplie est très proche de la panoplie du légionnaire romain du Haut-Empire : arme de jet et épée courte ; à la différence cependant que le *pilum* est une arme de jet bien plus puissante que le javelot de notre homme.

Chef gaulois suivi de son écuyer, accueillis par un officier de cavalerie macédonien dans le camp d'Alexandre le Grand.

« Officier » d'infanterie Région marnienne vers 295 av. J.-C.

Reprise des conflits en Italie

Après une paix de trente ans, de nouveaux évènements conduisent Romains et Gaulois à s'affronter de nouveau. En effet, d'après Polybe, à la fin du IVe et au début du IIIe siècle av. J.-C., les Gaulois cisalpins luttent contre leurs compatriotes transalpins. Craignant d'avoir à soutenir une longue guerre contre ces envahisseurs, ils préfèrent s'associer à eux sous prétexte de parenté, et tous s'en vont piller à nouveau l'Étrurie, puis se dirigent vers Rome, alliée pour l'heure aux Étrusques. Ils font un butin considérable, mais une fois de retour chez eux, une mésentente conduit les Gaulois à se livrer bataille. D'après Tite-Live, les Étrusques payèrent les Gaulois transalpins pour qu'ils cessent leurs ravages, puis ils les enjoignirent de mener avec eux une guerre contre Rome, ce qu'ils acceptèrent en échange d'un territoire où se fixer définitivement. Mais les négociations n'ayant pas abouti, ils s'en retournèrent chez eux, ou plutôt dans la plaine du Pô, comme l'indique Polybe.

Puis, Étrusques, Samnites et Ombriens, ouvertement en guerre contre Rome, s'allient aux Gaulois. Les Sénons remportent d'abord une victoire sur les Romains près de Clusium, en massacrant une légion entière, puis sont vaincus avec les Samnites à Sentinum en -295. Vers -284, les Gaulois sénons battent de nouveau les Romains devant Arretium. Mais le vent tourne, et ils subissent à leur tour une série de défaites qui conduit, l'année suivante, à l'établissement d'une colonie romaine sur leur territoire, baptisée « Sena ».

Le désastre de Sentinum, -295

La confrontation a lieu sur le territoire de Sentinum, en Ombrie, proche de la frontière étrusque. Il est décidé que les Gaulois se tiendraient aux côtés des Samnites sur le champ de bataille, tandis que les Ombriens et les Étrusques auraient pour mission l'assaut du camp adverse. Mais trois déserteurs en informent les Romains, qui envoient rapidement une autre armée ravager le territoire étrusque. L'effet escompté a lieu, car les Étrusques se replient aussitôt pour défendre leur sol. Deux jours durant, les armées se rangent en ordre de bataille, se jaugent dans quelques escarmouches.

Mais l'assaut décisif n'a lieu qu'au troisième jour. Les Gaulois prennent position à l'aile droite et les Samnites à l'aile gauche. Chacun soutient la charge adverse, et le résultat est incertain. Les Gaulois contrent la cavalerie ennemie avec leurs chars de combat, semant la panique dans les rangs romains, mais ceux-ci résistent, notamment grâce au sacrifice rituel de leur général, qui offre sa vie aux dieux en échange de la victoire. Les Samnites finissent par plier et quittent le champ de bataille dans la confusion la plus totale. Les Gaulois opposent alors un mur de boucliers, puis, dans un ultime effort, ils forment la tortue. Ils sont finalement vaincus, et leurs pertes s'élèvent à 25 000 hommes et 8 000 prisonniers. Les Romains perdent environ 8 700 hommes.

L'équipement

La zone géographique de notre personnage ne correspond pas aux extraits ci-dessus, si ce n'est qu'ils sont contemporains. Seuls les évènements se déroulant à proximité du monde méditerranéen nous sont rapportés épisodiquement par les auteurs antiques ; nous ne savons malheureusement rien des évènements des territoires celtiques situés plus au nord. Toutefois, nous avons choisi de présenter un guerrier de la région marnienne, bien documentée archéologiquement, afin de montrer l'évolution du matériel militaire gaulois.

La réputation guerrière des Gaulois nous amène à penser que l'activité militaire, bien décrite dans le sud de l'Europe, est tout aussi importante au nord, ce qu'expliquerait l'apport de nouveaux éléments afin de perfectionner l'équipement. Il s'agit notamment du système de suspension de l'épée et des renforts de bouclier. Ces deux innovations voient également le jour dans les territoires de l'est de l'Europe, ce qui indique des contacts permanents, entretenus entre les différentes régions celtiques. Parmi ces contacts, des incursions chez les tribus voisines et des guerres pour s'assurer la suprématie et de nouvelles richesses. Les évolutions de l'équipement guerrier gaulois témoignent d'une période troublée. Le matériel des tombes n° 1 et 3 d'Écury-le-Repos (« Le Crayon » dans la Marne) a servi de base à la restitution de notre personnage.

Celui-ci vit donc dans la région de la Marne ; nous sommes au début de l'automne dans les années 300-290 av. J.-C. Il vient de vaincre en combat singulier un autre Gaulois. Nous savons, par l'intermédiaire des auteurs antiques, que de tels duels avaient lieu pour régler des différends.

On peut imaginer ici l'affrontement de deux champions pour régler une affaire concernant leurs seigneurs respectifs : une vengeance pour la perte d'un être cher ou un vol de bétail, fait courant parmi la classe guerrière (sans aucun doute propriétaire du cheptel). La lutte, vraisemblablement commencée à la lance, s'est terminée à l'épée. Le bouclier du survivant en porte les stigmates.

Ce guerrier a revêtu par-dessus sa tunique de lin une cuirasse de cuir épais. Cette pièce d'équipement, absente de la documentation archéologique en raison de sa nature périssable, est toutefois représentée sur des statues antérieures et postérieures. La forme générale de ces cuirasses ne diffère pas beaucoup de celle de leurs homologues méditerranéennes, principalement en raison de la morphologie humaine. Il s'agit d'un plastron et d'une dossière reliés autour du torse au moyen de lanières et fermés sur les épaules par deux bretelles renforcées. Des lambrequins parachèvent la cuirasse pour offrir une protection relative au bassin et couvrir le haut des cuisses sans entraver la mobilité des jambes.

Au contraire des modèles présentés précédemment, cette cuirasse ne porte pas d'ornement.

Par-dessus la cuirasse, le sayon (ou cape) a été enroulé et disposé en croix sur le torse afin de renforcer la protection, fait décrit par Polybe plusieurs décennies plus tard lors de la célèbre bataille de Télamon.

Notre guerrier ne porte pas de casque. Cette pièce d'équipement, pourtant connue dans cette région à une période plus haute (modèle dit « Berru »), est en effet absente des vestiges champenois de cette époque. Il est possible qu'elle n'ait plus été déposée ni dans les sanctuaires ni dans les tombes, qu'elle ait été l'objet d'interdits pour des raisons plus spirituelles que pratiques, ou que les guerriers aient privilégié des exemplaires en matière périssable…

La lance qui a servi au début du combat possède une pointe relativement longue, d'une trentaine de centimètres, et très étroite. La hampe est assez courte, 1,80 m. Il s'agit d'une lance mixte, pouvant être jetée à distance ou utilisée au corps à corps, en estoc. La forme droite de la hampe est nécessaire afin que le poids de la pointe puisse faire correctement tomber la lance lors du lancer. Au corps à corps, la prise d'une telle arme se fait au milieu de la hampe ; le combattant peut alors utiliser la pointe tout autant que le talon en faisant pivoter son poignet.

Le bouclier est toujours oblong et plat. L'arête centrale, plus longue pour assurer une plus grande solidité longitudinale, est renforcée en son centre par un *umbo* bivalve, formé de deux tôles de fer assemblées à l'aide de clous, dont les pointes sont repliées à l'intérieur du logement de la main. L'étude des vestiges archéologiques montre que la distance entre la tête du clou et la pliure de la pointe n'excède pas 5 mm, ce qui confirme que l'épaisseur du bois de l'arête à cet endroit est très fine, rendant nécessaire l'ajout de renforts. La bordure du bouclier est renforcée au moyen d'un orle de fer. Ce bouclier est une pièce composite, les renforts de fer permettant la réduction des épaisseurs des pièces de bois, pour une plus grande légèreté et une meilleure résistance, conditionnant un combat toujours plus dynamique (voir encadré concernant les boucliers p. 24-27). La planche est décorée d'une paire de griffons affrontés, symbole récurrent placé traditionnellement au niveau de l'entrée des fourreaux d'épée de cette période. Ces symboles sont très probablement magiques et contribuent à assurer une protection « divine ». Ils peuvent servir aussi à identifier le guerrier : sa classe sociale ou son ethnie (?).

L'épée, d'une longueur de plus de 70 cm, pour un poids d'environ 600 g, est suspendue au côté droit dans un fourreau de fer, orné au sommet d'une paire de griffons affrontés. La lame est plate, renforcée en son centre par une arête médiane lui conférant résistance et légèreté. Cette arme extrêmement tranchante peut être utilisée aussi bien d'estoc que de taille. Le système de suspension est doté d'une nouveauté : une chaîne de fer faite de barrettes plates reliées entre elles par des anneaux (voir encadré concernant les épées, les fourreaux et les systèmes de suspension, p. 68-73).

L'ÉPÉE ET LE FOURREAU : MAÎTRISE DES FORGERONS GAULOIS

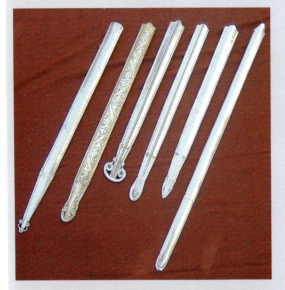

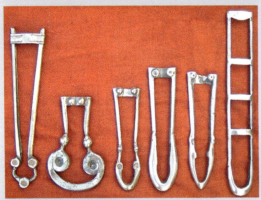

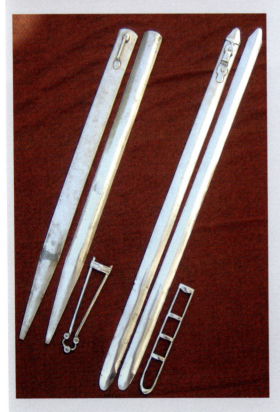

L'épée celtique, contrairement aux idées reçues, est une arme légère et extrêmement tranchante. Il n'est donc pas question pour le guerrier de la porter à la taille sans protection. L'épée est donc toujours rangée dans un fourreau et elle n'en est extraite qu'en cas de nécessité.

Rien ne permet d'observer concrètement les propos de l'auteur antique Polybe, lorsqu'il relate les conflits opposant Romains et Gaulois d'Italie du Nord, après la bataille de Télamon en -225 « [...] *Il (le Gaulois) ne pouvait porter qu'un seul coup de taille qui fût vraiment efficace, parce que son arme se trouvait aussitôt faussée et tordue dans sa longueur comme dans sa largeur* [...] » (Polybe, II, 2, 33). Polybe, ayant vécu au cours du IIe siècle av. J.-C., n'a pas été témoin oculaire de ces guerres. Les épées gauloises parvenues jusqu'à nous sont des armes de bonne qualité ; les Gaulois étant des guerriers réputés, ils le devaient notamment à la qualité de leur armement. On voit donc mal ces hommes se rendre au combat sciemment, pourvus d'armes peu fiables ! Toutefois, la majorité des armes retrouvées en fouille, dans le milieu funéraire, semble appartenir à l'élite guerrière ; si les hommes levés parmi le peuple étaient armés d'épées, ce que nous ignorons, on peut supposer qu'elles étaient de moindre qualité.

Il existe plusieurs modèles d'épée, certains se côtoyant, d'autres étant spécifiques d'une période.

L'épée est connue dès l'Âge du Bronze, et comme le nom de la période l'indique, elles étaient coulées dans ce matériau. Les premières épées en fer sont forgées en conservant la forme des épées de bronze, dont les lames étaient plus larges en leur milieu qu'à leur base. Par la suite, les lames sont conçues avec des tranchants parallèles.

Les sections de lame sont diverses : soit losangique, soit plate avec une forte nervure de chaque côté, soit lenticulaire. Les lames à section lenticulaire ou losangique sont généralement plus lourdes que les lames nervurées.

Les poignées sont principalement en matière périssable : bois, corne, os, bien qu'à La Tène ancienne et à La Tène finale certaines soient aussi en fer ou en bronze.

Généralement, toutes les épées retrouvées possèdent des poignées plutôt courtes : rarement plus de 14 cm, garde et pommeau compris. Souvent, seuls deux doigts peuvent prendre place sur la fusée. On est en droit de se demander si les armes déposées en milieu funéraire sont fonctionnelles, sans parler bien évidemment de celles qui sont rituellement déformées, voir brisées, notamment dans les milieux cinéraires et les sanctuaires. De plus, des armes en parfait état de fonctionnement pourraient en effet être récupérées et retournées contre leurs dépositaires par un ennemi peu respectueux des coutumes et des lieux sacrés.

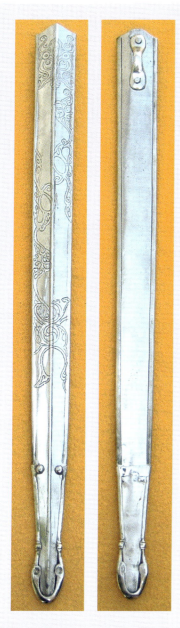

La composition des lames d'épée est homogène durant une grande partie du second Âge du Fer. Vers le Ier siècle av. J.-C., les forgerons mettent au point des lames composites, constituées d'une âme faite de barres de fer soudées et deux tranchants rapportés. Cet assemblage par soudure est appelé corroyage et confère à la lame une plus grande résistance, associée à une grande souplesse. Par la suite, cette méthode donnera naissance au damas, qui est l'assemblage par soudure de plusieurs fers à teneur en carbone différente.

Durant la période hallstattienne, le fourreau était fait de matières organiques : bois, cuir, associés à quelques éléments métalliques, comme les frettes et les bouterolles.

Puis ces fourreaux sont recouverts de métal, souvent une tôle de bronze sur l'avers et une tôle de fer sur le revers. Ce choix s'explique par la présence de la pièce de suspension sur le revers, appelée « pontet ». Ce dernier sera une constante jusqu'à la fin de l'histoire militaire celtique. L'emplacement de cette pièce motive cette conception entièrement métallique. En effet, les contraintes mécaniques inhérentes au mode de suspension à la taille induisent l'emploi du matériau le plus résistant : le fer.

Durant le Ve siècle av. J.-C., la gaine primaire de bois est abandonnée, et seule persiste la gaine bimétallique de bronze et de fer. En effet, les feuilles métalliques se suffisant dans l'élaboration d'un grand fourreau, l'usage supplémentaire du bois devient superflu ; de plus, il alourdirait sans raison l'ensemble. Enfin, durant le IVe siècle av. J.-C., le bronze est abandonné au profit de fourreaux exclusivement en fer. C'est seulement à La Tène finale que le bronze fait quelques réapparitions dans la fabrication de ces pièces.

Ce fourreau entièrement métallique est composé de quatre pièces au minimum : deux plaques, dont l'une est repliée sur l'autre formant des gouttières latérales, un pontet servant à l'attache de la ceinture, et la bouterolle terminant la partie distale du fourreau. Suivant la taille de l'arme, une ou plusieurs pièces additionnelles de renfort ou « frettes » peuvent être placées au niveau du pontet.

La confection de cette pièce de l'armement nécessite des compétences techniques importantes. En effet, l'épaisseur des tôles n'excède que rarement 5/10e de millimètre. Pour pouvoir obtenir de telles épaisseurs, il est nécessaire de travailler avec un fer très doux. De plus, il est nécessaire de mettre au point en amont un certain nombre d'outils garantissant la réussite de l'exécution artisanale. La fabrication exige au moins une bonne dizaine d'outils différents : marteaux, maillets, pinces, tiges de fer, cylindre de bois, burins...

La mise au point du fourreau entièrement et exclusivement métallique démarque les guerriers gaulois du reste de leurs homologues européens, qui ont conservé des gaines en matières périssables pour l'essentiel.

Les avantages de ce choix sont multiples : légèreté, durée de vie importante, démontage en quelques secondes pour d'éventuelles réparations, et surtout très grande résistance lors des mouvements du guerrier, en raison du mode de suspension particulier des épées gauloises. D'autre part, la complexité et la quantité de fer nécessaire à la fabrication contribuent probablement à renforcer le prestige du guerrier. Toutefois, une fois le fourreau vidé de son épée,

il devient extrêmement fragile et peut se fausser rapidement, ce qui explique sa conception démontable.

Le fourreau est également le support d'un langage.

Une des pièces les plus exceptionnelles connues à ce jour est le fourreau historié de Hallstatt, daté du Ve siècle av. J.-C. Ce fourreau en bronze est décoré d'un dessin soigneusement gravé illustrant principalement des guerriers à pied et à cheval. Les détails apportés à cette scène en font une pièce incontournable pour l'étude de l'équipement militaire de l'époque.

Au siècle suivant, c'est le style végétal continu, utilisant l'enchaînement de masques, de triscèles, d'esses et de rinceaux, qui constitue le décor des fourreaux bimétalliques. Dans le dernier quart du IVe siècle av. J.-C., ces décors se font plus sobres, et seule l'entrée des fourreaux en est agrémentée, soit d'une paire d'animaux affrontés (comprenant deux types, la lyre zoomorphe et la paire de griffons), soit d'une frette ornée de triscèles. Au début du IIIe siècle av. J.-C., demeure seulement la paire de griffons affrontés. Puis, le triscèle revient, et se voit imbriqué dans des décors complexes, baptisés style « hongrois », courant sur toute la longueur de la plaque d'avers et parfois même sur la plaque de revers. Ensuite, cette paire de griffons fait sa réapparition et se trouve associée aux triscèles. Enfin, seul survit le triscèle, et le décor se simplifie, cantonné au haut du fourreau ou s'étendant sur sa longueur avec des esses. Ces motifs, baptisés style « suisse », disparaissent dans le courant du IIe siècle av. J.-C.

On ne connaît pas la signification exacte de ces langages imagés, aussi ne peut-on émettre à ce sujet que des hypothèses.

Ces symboles servaient probablement à reconnaître leur porteur et sa fonction afin de passer outre les éventuelles barrières linguistiques. Ils pouvaient aussi être des signes hiérarchiques et religieux, en rapport avec la compétence guerrière de l'individu. À ce titre, le griffon, que l'on peut imaginer comme représentant un rapace, est flanqué d'une jambe humaine, plus exactement le mollet et le pied. Comme nous le verrons plus loin, la tactique guerrière gauloise semble fondée sur une charge au pas de course : le « guerrier rapace » pourrait être alors comparé au prédateur fondant sur sa proie (?). Selon Venceslas Kruta, il semblerait que des confréries guerrières aient existé, comme le mentionne Polybe en parlant des hétairies au sein desquelles se rassemblaient les guerriers gaulois.

Ces confréries agiraient alors hors du cadre tribal et pourraient être un des principaux vecteurs du mercenariat celtique. Les dessins des fourreaux symboliseraient peut-être ces confréries intertribales.

Les systèmes de suspension : le génie des forgerons gaulois

Le système de suspension correspond à l'ensemble des pièces métalliques associées à des éléments périssables permettant de fixer le fourreau d'épée à la taille du guerrier.

Depuis le Hallstatt final, et durant toute la période laténienne, plusieurs types se sont succédé. Au Hallstatt final et au début de La Tène, au minimum deux anneaux (il peut y en avoir jusqu'à six) sont rendus solidaires au pontet (pièce rapportée sur la plaque arrière du fourreau) grâce à une ligature. Des courroies de cuir cousues à ces anneaux constituent la ceinture qui se placera autour de la taille, permettant la suspension du fourreau au côté droit. Un crochet ouvragé sert à la fermeture de la ceinture. Cette pièce est ensuite abandonnée à la fin du Ve siècle av. J.-C.

Au IVe siècle av. J.-C., les pièces métalliques constituant la suspension sont réduites au strict minimum, soit trois anneaux. Ces anneaux peuvent être pleins, en bronze ou en fer, ou formés de deux tôles, également de fer ou de bronze, ou de fer plaqué de bronze, embouties et assemblées par une fine gouttière.

À la fin du IVe siècle av. J.C., les systèmes de suspension à chaînes font leur apparition. Ils sont composés de plusieurs éléments : deux chaînes articulées – une courte et une longue – ainsi que plusieurs éléments en matériaux organiques permettant d'abord de lier les deux chaînes au fourreau d'épée, puis la fixation de l'ensemble à la taille du guerrier. Un siècle plus tard, la chaîne de suspension est abandonnée, obligeant les combattants gaulois à faire de nouveau usage du système de cuir comprenant trois anneaux et un crochet de fixation simple, vestige des crochets de chaîne, plus sobre que ceux de La Tène ancienne.

Les premières restitutions des systèmes de suspension, aussi bien ceux en cuir que ceux avec chaînes, ont été réalisées d'après les travaux d'André Rapin. Ces restitutions graphiques agençaient les fourreaux verticalement, le long de la jambe. Mais il est rapidement apparu que cette disposition occasionnait une gêne considérable pour le porteur, pour qui il était presque impossible de se déplacer correctement, surtout de façon dynamique. De plus, le port à droite, nécessitant une contorsion du poignet pour saisir la poignée de l'épée, rendait difficile l'extraction de celle-ci : difficulté à trouver une prise sur une poignée posée tout contre le flanc.

La guerre étant un « art » dépendant de sa parfaite exécution, l'irréprochable fonctionnalité d'un armement est un facteur essentiel garant du succès des combattants. De fait, les deux principes fondamentaux pour l'élaboration d'un système de suspension sont la résistance des éléments le constituant et la stabilité de l'arme attachée au guerrier.

En définitive, une recherche sur les systèmes de suspension du Hallstatt final (voir p. 20-23) nous a amenés à restituer un système inclinant l'arme de poing, ce qui devait déjà être le cas à une période plus haute au cours

de laquelle les bouterolles saillantes en forme d'ancre pouvaient être dangereusement gênantes pour le porteur. Cette idée fut appliquée avec succès sur les systèmes de suspension laténiens et a permis de formuler, entre autres, des hypothèses sur l'évolution des composantes des fourreaux d'épée. Avec ce système, la quasi-totalité des handicaps inhérents aux premières versions verticales disparaît: la poignée et le fourreau étant dégagés du flanc et de la jambe droite, l'extraction de l'épée ainsi que la grande majorité des déplacements se font sans encombre.

La longueur des épées et la conception des bouterolles sont les facteurs essentiels de l'évolution des suspensions auxquelles est directement lié le pontet. Plus l'épée est longue ou la bouterolle volumineuse, plus la contrainte mécanique s'accroît sur le pontet et la ceinture. Tout le travail de l'artisan se concentre alors sur des systèmes fiables et confortables pour le guerrier, sans jamais remettre en question la conception élémentaire de l'attache du fourreau à la ceinture: le pontet. Notons que la longueur du fourreau détermine le volume de la bouterolle: plus le fourreau s'allonge, plus la bouterolle s'affine.

La disparition du crochet de fixation durant le IVe siècle av. J.-C. reste mystérieuse. Précisons que les animaux affrontés composant souvent son ornementation se voient transférés sur les entrées de fourreaux d'épée. Mais le passage d'une symbolique d'un support à un autre n'explique pas la suppression d'un élément aussi pratique que le crochet. La question reste ouverte.

Malgré tout, nous sommes tout de même parvenus à boucler des systèmes de suspension sans crochet, au moyen de simples laçages.

L'apparition des chaînes de suspension à la fin du IVe siècle av. J.-C. demeure, dans une certaine mesure, assez énigmatique également. Ces éléments sont clairement reconnus pour améliorer la stabilité du fourreau porté à la taille, notamment grâce à l'expérimentation. Mais nous devons préciser que les premiers types à barrettes et anneaux libres ne sont pas beaucoup plus stables qu'un système de cuir, bien qu'amenant une légère amélioration. En revanche, ils sont beaucoup plus résistants que le cuir aux contraintes mécaniques, surtout dans le cas où les fourreaux sont portés inclinés.

Comme une invention est souvent le fait d'une découverte fortuite, on peut imaginer que les toutes premières chaînes, élaborées suivant la conception des chaînes de ceinture féminines, ont d'abord été conçues pour accroître la résistance de la suspension. Devant l'évidence de l'amélioration de la stabilité, les recherches des armuriers gaulois auraient alors pris cette autre direction. Ce qui explique les nombreux types coexistant sur une période restreinte du début du IIIe siècle av. J.-C., donnant lieu à une forme qui connaît une relative stabilité, pour de nouveau être améliorée dans une version plus rigide à la fin de ce siècle.

L'abandon de ces chaînes à la fin du IIIe siècle av. J.-C. est tout aussi énigmatique que leur apparition. Rappelons qu'un système de cuir bien élaboré peut rendre un fourreau de grande longueur relativement stable. Toutefois, ces nouvelles formes ont conservé le crochet de fixation présent sur l'élément long des chaînes. Malgré les tests montrant l'efficacité des systèmes de suspension de cuir ou ceux associés à des chaînes, nous n'arrivons pas à déterminer les raisons exactes de l'abandon des chaînes à la fin du IIIe siècle av. J.-C. On pense logiquement que les mutations de l'armement sont à mettre en relation avec les conflits et les peuplades rencontrées dès lors. Mais dans le cas où le IIIe siècle av. J.-C. continue d'être le théâtre de guerres engageant les Gaulois, pourquoi abandonner un système aussi efficace que les chaînes ? Leur trop grande rigidité en est sans doute à l'origine. La longueur croissante des épées induit des contraintes toujours plus importantes sur le pontet servant à relier le ceinturon au fourreau, la rigidité du système de suspension augmente ces contraintes.

Peut-on imaginer que le métal fut remplacé par du cuir beaucoup plus léger, travaillé pour être aussi rigide que son prédécesseur métallique ?

La question peut être en partie élucidée en regardant de plus près ce qu'il advint du pontet.

On remarque que lors de la période employant les chaînes les plus rigides, le pontet est très souvent renforcé par des frettes, ce qui s'explique grâce à la longueur des épées et la rigidité des chaînes laissant peu de liberté au fourreau, rendant donc les contraintes mécaniques au niveau du pontet particulièrement rudes. Pour appuyer ce propos, précisons que des exemplaires archéologiques ont montré des réparations au niveau de la fixation du pontet.

L'abandon de ces chaînes et la réadoption du cuir, de par sa nature habituellement plus souple, n'éliminent pas les frettes, bien au contraire, le pontet devient plus volumineux et sa fixation à la plaque de revers du fourreau passe de deux rivets à trois au minimum ! La raison de cette conservation des renforts et de leurs développements se trouve en premier lieu dans l'allongement de l'arme, autrement dit de l'augmentation de son poids, mais se trouve également dans la rigidité de son système d'attache.

Ces réflexions nous amènent à penser, comme nous le verrons dans le chapitre consacré à l'art de la guerre, que les militaires gaulois ont adopté à une période haute un système de combat basé sur la mobilité maximale des guerriers, qu'ils soient à pied ou à cheval, et l'offensive à outrance, et qu'ils l'auraient conservé jusqu'à la conquête romaine.

Mercenaire de la tribu des Parisii
Sac de Delphes, Grèce
Vers 280 av. J.-C.

L'expansion vers l'Est

La « Grande Expédition »

Les rivalités entre successeurs d'Alexandre ouvrent toutes grandes les portes du monde hellénistique aux chefs gaulois, toujours avides de butin et de nouveaux territoires. Leur première poussée vers le sud-est se traduit par la défaite des Illyriens, puis par le pillage de la Thrace. Mais dans le nord de la Bulgarie, Cassandre défait une armée gauloise ; moment de répit avant la tempête qui s'annonce. La mort de Lysimaque et les guerres intestines qui s'ensuivent en Macédoine, incitent en effet les Gaulois à se remettre en route dès -280, en trois colonnes gigantesques, composées d'environ 300 000 hommes, femmes et enfants.

Bolgios à la tête de son armée se dirige vers la Macédoine, y défait l'armée de Ptolémée Keraunos. Blessé, ce dernier est décapité. Cette première colonne serait ensuite retournée vers son territoire d'origine. Brennos et Akichorios, commandant la deuxième armée, se mettent en marche vers le centre de la Grèce, franchissent les Thermopyles, mais subissent une défaite devant le sanctuaire de Delphes. Ils se replient vers la Macédoine et Brennos se suicide quelque temps après. Enfin, la troisième expédition dirigée par Kéréthrios s'attaque à la Thrace.

Toutes ces expéditions sont plus ou moins couronnées de succès, mais les Gaulois, divisés, prennent des chemins différents. À la demande de Nicomède de Bithynie, une partie passe en Asie Mineure et fonde le royaume galate ; d'autres s'installent dans la plaine du Danube ; d'autres encore poussent jusque dans la région de Toulouse et dans les régions du nord-est de la France ; les derniers enfin fondent le royaume de Tylis en Thrace.

Les opérations de l'armée de Brennos

L'armée de Brennos et d'Akichorios ne rassemble pas moins de 85 000 personnes. En -279, à la suite d'une mésentente, 20 000 hommes – dont 10 000 guerriers – quittent l'armée de Brennos sous la direction de Léonnorios et Lutarios. Ces derniers se placeront plus tard au service de Nicomède de Bithynie. Avec les 65 000 hommes restants, Brennos se dirige vers les passages des Thermopyles et de l'Oeta. Les Athéniens, pourtant durement éprouvés par les précédentes guerres contre la Macédoine et les Phocidiens, leur opposent une vive résistance, mais sont finalement vaincus. Les Gaulois continuent leur route vers Delphes. Ils livrent bataille devant le sanctuaire contre les Delphiens et les Phocidiens, soutenus par un contingent étolien. La légende veut que les dieux aient pris part à la bataille et que, grâce à leurs interventions, le sanctuaire ait été sauvé. On doit plutôt penser que la défaite des

Gaulois est plus probablement due à l'acharnement des troupes grecques, notamment à l'intervention des Étoliens, mais aussi à l'apparition de l'hiver et de la maladie dans le camp gaulois. Quoi qu'il en soit, ceux-ci se retirent, et Brennos, blessé, se donne la mort après avoir rejoint les troupes d'Akichorios, dans le sud de la Macédoine.

L'équipement

L'ampleur de l'invasion de la Grèce nous amène à penser que parmi les guerriers recrutés pour cette aventure, certains pourraient provenir de l'Ouest européen – notamment de Gaule –, vraisemblablement des mercenaires embauchés pour grossir les troupes des chefs de l'expédition, probablement originaires quant à eux des régions danubiennes.

Les éléments constitutifs de l'équipement de notre guerrier ont été révélés, à quelques détails près, sur une zone qui s'étend du grand Est de la France, à l'Est de l'Europe. L'évolution très rapide du matériel, notamment des systèmes de suspension et des renforts de bouclier, confirme l'hypothèse d'une classe guerrière en contact permanent sur un très vaste territoire. Dans la logique de l'évolution typologique, les armes de notre combattant sont conçues pour améliorer sa mobilité : composante essentielle de la tradition guerrière celtique. Il paraît logique en effet que la gent militaire se soit concentrée sur ce point précis pour répondre aux besoins tactiques imposés par l'adversaire à affronter. Le soldat hellène, par exemple, évolue sur le champ de bataille en formation très serrée, armé d'une pique d'au moins 5 m de longueur.

Pour pouvoir donner toute sa mesure, la phalange a besoin d'un terrain sans obstacle, et sa nature monolithique l'oblige à des manœuvres complexes pour pouvoir faire face à l'ennemi. Les militaires gaulois ont sans doute bien compris quels avantages ils pouvaient tirer d'une extrême mobilité face à un ennemi presque statique (voir p. 126-136, L'art de la guerre) : l'objectif essentiel de leurs manœuvres consistant à tomber sur les phalangistes le plus rapidement possible, avant qu'ils n'aient eu le temps de se ranger en ordre de bataille, ou à les attirer sur un terrain impropre à leur déploiement.

La tombe marnienne n° 35 de Fère Champenoise « Faubourg de Connantre », ainsi qu'une sépulture de la nécropole de Bobigny, ont servi de base à l'élaboration de cette panoplie. Ce type d'armement est également présent en Europe de l'Est.

Notre fantassin porte la traditionnelle paire de braies, ici en lin, teinte en jaune. En haut, il a endossé deux tuniques. La première, en lin, est serrée à la taille par une ceinture prolongée de lambrequins. Une seconde tunique, en laine, est endossée par-dessus. Une cuirasse sans décoration complète la protection du torse. Pour finir, le sayon, à chevrons rouges et noirs, est agrafé sur l'épaule droite au moyen d'une imposante fibule en fer à « pied libre », ornée d'une grosse perle du même métal. Ce guerrier porte l'équipement standard : l'épée, la lance et le bouclier. L'énorme chaîne de suspension nous amène à imaginer notre homme évoluant à pied sur le champ de bataille. L'épée est suspendue à droite. La poignée en chêne est très courte, pas plus de 11 cm de la garde au pommeau. On peut douter de la maniabilité de cette arme avec une telle poignée, mais la lame à section nervurée est très légère, et son emploi s'avère donc aisé. La longueur totale n'excède pas 65 cm, pour un poids d'environ 500 g. L'épée est gainée d'un fourreau tout en fer. La plaque d'avers (tôle de devant) est repliée sur la plaque de revers grâce à de volumineuses gouttières, la nervure centrale est calibrée sur le diamètre des gouttières latérales. L'entrée est ornée d'une paire de griffons affrontés, symbole courant à cette époque. La partie distale du fourreau est terminée par une volumineuse bouterolle.

Au début du IIIe siècle av. J.-C., le ceinturon servant à la suspension de l'épée est agrémenté d'éléments métalliques, à l'exemple de notre guerrier précédent qui porte les tout premiers modèles. Le type de chaîne employé ici fait partie des plus volumineux spécimens utilisés au début de ce siècle. Malgré son poids, la conception de cette chaîne en torsade permet une suspension plus rigide, et stabilise le fourreau plus efficacement que les types à barrettes à anneaux libres. Sur ces anciens modèles, le crochet servant à l'attache est placé sur le brin court de la chaîne. Comme sur notre exemple, il est par la suite transféré au bout du brin long. Nous avons pu constater que la tension du ceinturon était plus aisée dans le second cas. Une lance d'environ 2,35 m complète l'armement offensif. Le fer est acéré et muni d'une forte arête médiane. Il est emmanché sur une hampe en frêne, bois couramment destiné à cet usage pour sa légèreté et sa robustesse.

Le bouclier subit une évolution en matière d'*umbo*. Celui-ci est désormais fait de deux tôles reliées au moyen d'une gouttière au centre. Au contraire des premiers *umbos* bivalves, démunis d'ailettes et cloués directement sur la *spina*, ces extensions latérales servent ici à recevoir les clous de fixation sur la planche. Le maintien de l'arête centrale et la solidité de l'*umbo* s'en trouvent accrus. Nous avons décoré le bouclier d'une hypothétique paire de griffons affrontés. Comme il est souvent cité au cours de ces pages, un motif peint

aide à se faire reconnaître sur le champ de bataille – précaution indispensable – et la taille de cette arme en fait un support idéal, ce que confirment quelques témoignages écrits et iconographiques. Notre guerrier ne porte pas de casque. En effet, celui-ci est absent de la documentation archéologique du grand Est de la France à cette époque.

Toutefois, il est attesté chez les Gaulois cisalpins. L'énigme reste entière, car cette pièce de protection s'avère tout de même capitale, mais une source iconographique plus ancienne de plus d'un siècle, le fourreau historié de Hallstatt, nous montre des fantassins armés de lances et de grands boucliers, tête nue, et des cavaliers casqués, sans bouclier, armés également de lances. Quelques hypothèses peuvent expliquer ce manque. Il est possible que les casques ne soient plus déposés en milieu funéraire, ou alors ils font l'objet d'une sorte d'interdit pour une certaine catégorie de guerriers, les fantassins en l'occurrence.

Avant le départ de l'expédition, les tribus rassemblent leurs enseignes.

Guerrier d'élite
Italie du Nord
Vers 260 av. J.-C.

Les conséquences de la poussée vers l'Est

Après l'échec de Delphes, les armées de la Grande Expédition n'en sont pas moins actives. L'armée de Léonnorios, qui s'était séparée de Brennos avant sa descente vers Delphes, ravage la Thrace. Dès -278, ses troupes ne tardent pas à être engagées comme mercenaires par Nicomède de Bithynie dans sa guerre contre Ziboetas, son frère. Cependant, d'autres Gaulois restés en Thrace continuent leurs dévastations. Ils sont cependant défaits dans une bataille rangée contre Antigone Gonatas, vers -277. Mithridate Ier fait également appel à ces « Galates » qui, en -274, participent aux guerres syriennes. Avec l'aide de ces mercenaires gaulois, Mithridate vainc Ptolémée, puis ils subissent eux-mêmes une défaite face à Antiochos lors d'une bataille qui sera baptisée « la bataille des éléphants ». Les Galates, divisés en trois peuples, finissent par s'installer sur le plateau d'Anatolie et ses environs, comme le rappelle Tite-Live : *« Les côtes de l'Hellespont revinrent aux Trocmes, les Tolostoboges eurent l'Éolie et l'Ionie, les Tectosages l'intérieur »* (*Hist.*, XXXVIII). Une fois implantés, la crainte qu'ils inspirent leur permet de lever des tributs sur les cités environnantes. Mais, vers -241, Attale Ier de Pergame finit par les combattre et les écrase, sans toutefois faire cesser leur domination. Plus tard un imposant monument sera élevé par les Pergamiens en l'honneur de ces victoires…

Des sanctuaires dédiés à la guerre

À l'exemple des Romains et des Grecs, qui élevaient des temples consacrés aux dieux et dans lesquels ils déposaient les armes prises à l'ennemi, les Gaulois, dès le IIIe siècle av. J.-C., édifièrent eux aussi des sanctuaires, mais en bois. Ce n'est que tardivement, durant la période gallo-romaine, qu'ils seront remplacés par des constructions en pierre, mais les rites s'y déroulant auront alors bien changé. Des vestiges du IIIe siècle av. J.-C. ont été mis au jour, notamment dans les environs de Gournay-sur-Aronde, en Picardie. Lors de son édification, le sanctuaire se présentait sous la forme d'un espace quadrangulaire d'une quarantaine de mètres de côté, disposé sur un versant de colline. Il possédait un fossé intérieur, une palissade, un fossé extérieur, et une porte orientée vers l'Est.

Des centaines d'armes ont été exhumées en ce lieu : épées et fourreaux, pièces métalliques de boucliers, systèmes de suspension, fers de lances… On ne sait pas exactement à quoi pouvaient ressembler les cérémonies qui se déroulaient à l'intérieur, mais les scientifiques indiquent clairement que les armes étaient exposées, plus exactement suspendues, à l'exemple des *anathémas* pratiquées par les Grecs, sur un probable portique encadrant la porte, et de chaque côté de celle-ci ; visiblement assez longtemps pour que les matières organiques se décomposent. Puis ces armes étaient déposées et détruites rituellement, avant d'être rejetées dans le fossé interne. Enfin, des sacrifices d'animaux et des banquets devaient avoir lieu, puisque des ossements d'animaux ont été découverts en grand nombre.

L'équipement

Le mercenariat enrichit considérablement le guerrier s'il survit aux batailles auxquelles il prend part. On sait, d'après les auteurs antiques, que les mercenaires gaulois se faisaient payer en or, et que tout retard de paiement pouvaient entraîner leur défection ou leur révolte. Ce fut le cas avec les troupes mercenaires des Carthaginois lors de la première guerre punique ; sous le commandement d'Antarios, ils se soulevèrent dans les années 240 av. J.-C. Un peu plus tard, d'autres passèrent du côté romain.

Ces mercenaires semblent avoir, à chaque fois, conservé leur armement. Toutefois, Nicomède Ier de Bithynie aurait procuré les armes aux contingents gaulois passés en Asie Mineure, soit très certainement de l'armement de type grec (boucliers ronds et bombés, longues sarisses), obligeant alors ces guerriers à apprendre un mode de combat probablement inusité pour eux à cette époque, c'est-à-dire la technique de la phalange macédonienne inventée par Philippe, père d'Alexandre le Grand.

On ne sait presque rien des accords ou contrats passés entre ces troupes et leurs employeurs. Antigone Gonatas payait ses mercenaires gaulois une pièce d'or par combattant, mais nous ignorons la fréquence de ces distributions. Mais, sans aller au bout du monde, ces mercenaires ont aussi bien pu trouver de l'emploi auprès de leurs semblables gaulois. Certains d'entre eux ont probablement fini leurs jours auprès des leurs.

Le chef d'une troupe de mercenaires avait certainement les moyens de porter un équipement splendide, et ses hommes pouvaient eux aussi être parfaitement équipés. Une partie de leurs armes pouvait provenir de dons ou de rétributions de leur employeur, mais pouvait aussi être prélevée sur les cadavres de leurs ennemis vaincus, pour être portée (notamment des protections corporelles) ou déposée dans des sanctuaires comme celui de Gournay-sur-Aronde. Mais pour s'enrichir, encore faut-il pratiquer ce métier assez longtemps, ce qui revient à en limiter autant que possible les risques, ce qui n'allait alors pas de soi… d'autant plus que les employeurs n'hésitaient jamais à mettre leurs mercenaires gaulois en première ligne, où les victimes étaient toujours très nombreuses. C'est pourquoi nous avons choisi de montrer notre guerrier solidement équipé.

Il porte tout d'abord une tunique de lin à manches longues, et une paire de braies en laine. Ses chaussures, d'une conception hypothétique, sont montantes et enferment totalement le pied. Par-dessus sa tunique, notre guerrier a endossé une cuirasse de cuir fonctionnant de concert avec la cotte de mailles ; il s'agit d'une armure composite. Les Romains ont baptisé ce vêtement de cuir *subarmalis*. Devant l'évidence de son utilisation, les Gaulois ont donc très certainement porté eux aussi de tels vêtements rembourrés sous leur cuirasse (voir l'habillage du guerrier p. 92-95).

D'après les Romains, la cotte de mailles fut inventée par les Celtes. Le modèle présenté est composé d'environ 40 000 anneaux et pèse environ 12 kg. Elle est faite de deux parties : une chemise sans manche, par-dessus laquelle vient se placer une « surcotte » garantissant les épaules, ornée de phalères. Cette reconstitution hypothétique est basée sur un artefact retrouvé à l'état fragmentaire dans la « tombe du chef » de la nécropole de Ciumesti (Roumanie), avec une phalère de bronze ornée d'un triscèle.

Par-dessus la cotte de mailles, notre personnage a revêtu une cape de laine repliée et refermée à la taille par une fibule de bronze, et maintenue sur l'épaule droite par une grande fibule en fer dont l'aiguille passe dans plusieurs anneaux de la cotte. Ce vêtement, attesté par les auteurs antiques, était peut-être retiré pour le combat, mais force est de constater qu'il offre une protection supplémentaire, à la fois contre les armes adverses et probablement aussi contre le soleil responsable de la chauffe des anneaux de fer.

Le casque est inspiré d'un modèle celto-italique découvert dans la tombe n° 953 de Benacci (Bologne, Italie), daté du début du IIIe siècle av. J.-C. Il appartient à la famille des casques italiques baptisés Montefortino, du nom d'une nécropole célèbre. Ce casque s'étant maintenu longtemps en usage, il constitue une hypothèse plausible dans notre reconstitution. Toutefois, il aurait pu être remplacé par un modèle en fer,

relativement similaire pour le timbre, possédant des garde-joues de forme triangulaire ornés de trois bossettes. Cette armure de tête est surmontée d'un haut cimier en crin de cheval, servant à la fois à rehausser la stature du guerrier pour impressionner l'ennemi, et à lui offrir une protection supplémentaire face aux coups pouvant être donnés de haut en bas.

À l'image des boucliers gaulois des époques précédentes, celui de notre personnage ne déroge pas à la règle de la section plate, qui est une constante durant toute l'histoire militaire gauloise. Il est fait de deux planches de bois recouvertes d'une couche de lin. Une arête centrale en frêne, renforcée d'un petit *umbo* de fer, protège la main. Les clous de fixation de cet *umbo* sont repliés au revers et maintiennent le manipule (poignée) de fer consolidant le manipule de bois. La périphérie de la partie basse du plat est renforcée par un orle en fer. Le bouclier n'excède pas les 5 kg. Les motifs sont hypothétiques, mais s'inspirent directement du « style hongrois » des fourreaux d'épée du milieu du IIIe siècle av. J.-C., courants sur la majeure partie des territoires celtiques continentaux.

L'épée dans son fourreau est suspendue au côté droit, au moyen d'un système de suspension composite associant une ceinture de cuir et deux chaînes à maillons torsadés en fer. Ce modèle de chaîne est issu des modèles précédents plus massifs, et se présente ici comme la forme la plus stable, couvrant une grande partie du IIIe siècle av. J.-C. L'épée est relativement courte, d'environ 75 cm au total, et ne pèse guère plus de 600 g. Elle peut s'utiliser aussi bien d'estoc que de taille. Elle est rangée dans un four-

reau entièrement réalisé en fer (voir chapitre sur l'épée, le fourreau et le système de suspension, p. 68-73), et ornée dans le « style hongrois ». Son motif s'inspire d'un modèle découvert dans le sanctuaire de Gournay-sur-Aronde, en Picardie.

La lance, arme principale de notre guerrier, mesure environ 2,50 m. Sa hampe est en frêne, de forme conique ; la base plus large étant agrémentée d'un talon massif en fer servant à l'équilibrage. Le fer de lance, léger malgré sa taille d'environ 40 cm, est renforcé en son centre d'une puissante arête tirée jusqu'à la pointe. Les ailettes sont extrêmement tranchantes et peuvent occasionner de profondes entailles. Ce type de lance a une utilisation mixte, d'estoc et de taille. La hampe est saisie au tiers de sa longueur en partant de la base ; son rayon d'action est approximativement de trois mètres autour du guerrier.

Tout équipée, notre « machine de guerre » porte sur elle un peu plus de 20 kg de matériel, le tout étant réparti entre l'armement et les protections corporelles. Notre homme demeure donc très mobile. Toutefois, une bonne condition physique est requise pour pouvoir supporter la cotte de mailles et manipuler les armes.

Guerrier de l'hétairie des Gésates
Bataille de Télamon, Italie
Vers 225 av. J.-C.

La diaspora celtique

Le début du IIIe siècle av. J.-C. voit le théâtre des opérations militaires celtiques s'étendre sur une grande partie du pourtour méditerranéen : guerres contre les Romains, guerres contre les Hellènes, généralisation du mercenariat gaulois, installation enfin des Galates en Asie Mineure. L'archéologie nous fournit la preuve que ces opérations militaires ne se limitèrent pas au sud de l'Europe, mais que la poussée guerrière des Celtes d'Europe centrale aurait également pris la direction de la Gaule septentrionale. Définitivement vaincus, les Sénons, occupant la partie orientale de la plaine du Pô et une partie du littoral de l'Adriatique, furent en effet contraints d'émigrer dans les années 260 avant notre ère. C'est probablement la raison pour laquelle on les retrouve mentionnés par César dans la région de Sens, lors de la guerre des Gaules. De même, les Volques Tectosages, ayant participé à la Grande Expédition vers Delphes, auraient repris pour certains la route de l'Occident, pour s'installer dans la région de Toulouse, pour d'autres la route de l'Orient, pour s'installer en Asie Mineure. Quelque trois décennies plus tard, à la fin du IIIe siècle av. J.-C., les Gaulois cisalpins sont toujours en guerre contre Rome. Dans les années 230 avant notre ère, ce sont les Boïens qui prennent les armes contre les Romains, appuyés par des mercenaires transalpins appelés Gésates. Toutefois, une mésentente serait survenue et les Gaulois auraient massacré leurs rois avant de s'affronter en bataille rangée.

Le désastre de Télamon

Nous devons notamment à Polybe la narration de la célèbre bataille qui eut lieu dans les environs de Télamon, durant l'année -225. Mais il est un événement peu relaté : la première armée romaine envoyée contre les Gaulois subit une défaite. Faisant route vers Rome, ces derniers envahissent et pillent l'Étrurie, mais apprennent chemin faisant qu'une armée romaine marche à leur rencontre. Un soir, les deux camps sont installés à peu de distance. Mais les Gaulois ont alors recours à une ruse. Leur infanterie quitte les cantonnements nuitamment et va se mettre en embuscade vers Fiesole. Au petit jour, les Romains ne découvrent que la cavalerie ennemie, persuadés que le reste de l'armée s'est enfui. Ils se lancent alors à sa poursuite, mais tombent dans le piège… six mille Romains sont massacrés. Les survivants se retranchent solidement. Le dernier assaut est prévu pour le lendemain. Mais sur ces entrefaites, une seconde armée romaine arrive et s'installe non loin. Les Gaulois tiennent conseil et décident de se retirer avec leur butin. Au matin, ils prennent donc le chemin du retour, mais une troisième armée romaine débarque à Pise. Pris en tenaille, les Gaulois livrent bataille dans les environs de Télamon, et subissent une terrible défaite.

L'équipement

Traditionnellement, le guerrier gaulois est représenté nu au combat, portant ses armes pour tout équipement. Le témoignage de Polybe est en partie responsable de cette idée devenue un stéréotype (cet auteur indique que les Gésates, venus de la région rhodanienne, sont nus au premier rang, et que les hommes de derrière sont habillés de braies et ont enroulé leur sayon autour d'eux), ainsi que de nombreux indices iconographiques issus de l'art méditerranéen. Toutefois, il faut nuancer cette image car, en parallèle aux représentations méditerranéennes des guerriers gaulois, nous découvrons qu'en fait ils sont dépositaires de toute une gamme de protections corporelles jalonnant les siècles de leur histoire militaire. L'art lapidaire celtique du Ve siècle av. J.-C. présente en effet des statues de guerriers équipés de cuirasses dont la morphologie est très proche de ce que nous connaissons des grecques. Le fourreau d'épée historié de Hallstatt présente notamment des guerriers à cheval équipés de casques – de simples calottes hémisphériques – et de cuirasses ; les fantassins sont malheureusement masqués par leurs boucliers, mais ils sont tête nue et portent des chaussures. Un témoignage de Varron, ainsi que quelques découvertes archéologiques indiquent que les Gaulois pourraient être les inventeurs de la cotte de mailles. Enfin, bien que rares dans le contexte funéraire, les casques sont également utilisés.

Force est donc de constater la contradiction de l'imagerie méditerranéenne et la documentation dont nous disposons aujourd'hui. Toutefois, nous ne pouvons nier le poids de la religion dans la pratique de la guerre chez les Gaulois, au moins jusqu'à la fin du IIe siècle av. J.-C., et il est probable qu'une catégorie bien particulière de guerriers, consacrés, se soit rendue nue sur les champs de bataille. Nous ne pouvons pas non plus écarter les cartons artistiques en vigueur à l'époque, comme en Grèce, où les héros peints sur les vases sont souvent représentés nus, alors que l'équipement hoplitique est à l'opposé de ces images.

Les Gésates, d'après Polybe, viennent des Alpes, et seraient des mercenaires, car c'est ce que signifierait ce nom. Polybe nous indique aussi qu'il existe des confréries ou « hétairies » guerrières indépendantes, les Gésates pourraient être l'une d'entres elles.

Nous avons choisi de représenter notre combattant équipé de tout l'attirail pouvant être utilisé par les guerriers gaulois. Par-dessus sa tunique et sa paire de braies, notre homme a enfilé une cuirasse de cuir avec lambrequins, permettant de protéger le corps et d'accroître l'efficacité de la cotte de mailles qui complète le dispositif défensif du torse. Il porte un casque de fer, muni de paragnathides trilobés de type italo-celtique. Un probable cimier en forme de crête, conçu avec des plumes de corbeau, a été ajouté.

L'épée est fixée à droite au moyen d'une ceinture composite, associant cuir et chaînes de fer. Ce mode de suspension, caractéristique de l'équipement militaire du IIIe siècle av. J.-C., sert à limiter autant que possible les balancements du fourreau induits par les mouvements du guerrier. L'exemplaire présenté ici, ultime innovation avant la disparition de ces dispositifs composites, est baptisé par les chercheurs allemands « Panzergürtel », en raison de son volume et de sa remarquable rigidité. Les maillons ne sont plus torsadés, à l'exemple des modèles précédents (voir p. 83) ; il s'agit d'anneaux ovales, assemblés comme les chaînes simples encore employées aujourd'hui, et écrasés à chaud pour former une volumineuse gourmette. Ce principe a pour avantage de ne permettre la flexion de la chaîne que sur un seul plan, uniquement autour de la taille.

Le fourreau tout en fer protège une lame à section losangique. La poignée est en chêne, ornée de petits rivets de fer. La gaine est le support d'un décor complexe asymétrique, copié d'après l'exemplaire de Szob (Hongrie), baptisé « style plastique » ou « style des épées ». Des fourreaux munis de gravures similaires ont également été découverts dans le sanctuaire de Gournay-sur-Aronde en Picardie. Nous sommes à l'apogée de la « métamorphose plastique » associant des formes végétales et animales. Quelque temps avant l'abandon définitif des chaînes, la paire de griffons affrontés fera son retour en supplantant progressivement les décors asymétriques.

La forme du bouclier est reconstituée d'après un artefact découvert en presque parfait état de conservation dans le lac de Neuchâtel en Suisse. Il est tout en bois, recouvert de cuir brut. La *spina* est relativement courte et se trouve renforcée en son centre par un *umbo* aux ailettes trapézoïdales. La décoration, puisée dans le « style des épées », est hypothétique.

La lance complète l'équipement offensif. La hampe est longue et conique (plus large à sa base et s'affinant vers la pointe), munie d'un talon servant de contrepoids. L'ensemble mesure un peu plus de 2 m. Le fer, classique et effilé, en fait une arme mixte pouvant être lancée et utilisée au corps à corps. Elle semble tout à fait adaptée aux fantassins de première ligne, qui ont besoin de se débarrasser de cette lance en la jetant sur leurs adversaires – causant (au minimum) des dégâts sur leurs boucliers –, afin de se saisir de leur épée. La chronologie de ce type de combat pourrait être la suivante : charge au pas de course pour surprendre l'ennemi ; durant la course, jet de lance à distance pour neutraliser le vis-à-vis ou, à défaut, son bouclier ; extraction de l'épée juste avant la prise de contact avec l'adversaire ; assaut combiné épée/bouclier (voir chapitre sur l'art de la guerre p. 126-136).

Séquence habillage

Pour se rendre sur le champ de bataille et se battre, les guerriers celtes s'habillent, puis s'équipent. Les auteurs antiques mentionnent l'aspect multicolore des combattants, ainsi que la richesse de leurs vêtements et bijoux. Il n'est pas impossible que les rares casques richement ornés, exposés aujourd'hui comme parure de cérémonie, aient été utilisés sur les champs de bataille, la magnificence à la guerre semblant être de règle ! Les connaissances sur les vêtements sont relativement fragmentaires et ne nous donnent qu'un aperçu limité des tenues probables portées par les guerriers celtes. Toutefois, des témoignages précis révèlent la présence de tuniques, de pantalons nommés « braies », ainsi que de « sayons », sortes de capes. Concernant d'éventuels sous-vêtements, nous en ignorons l'existence, mais le climat tempéré oblige certainement le port de vêtements de corps. Enfin, les chaussures peuvent être observées sur de rares documents iconographiques, et quelques-unes ont été retrouvées, conservées dans la tourbe ou les mines de sel.

Nous sommes vers 250 av. J.-C. Notre guerrier, appartenant à l'élite de sa caste, endosse son équipement. Devant notre ignorance de l'existence ou non de sous-vêtements, nous avons choisi de commencer cette séquence d'habillage à l'étape suivante : notre homme apparaît donc déjà vêtu de sa paire de braies de laine et enfile sa tunique en lin. Il porte au bras droit un hypothétique brassard de cuir décoré d'une paire de griffons affrontés. Au combat, le bras droit, tenant l'arme (lance ou épée) est vulnérable lorsque le guerrier décoche un coup vers son adversaire.

Le port des braies n'est probablement pas général à l'ensemble des populations gauloises. Au sud, les conditions climatiques peuvent rendre le port d'un pantalon de laine inopportun, voire inconfortable. Les braies sont ajustées ou légèrement amples, mais jamais autant que celles portées par les peuples orientaux

de l'Antiquité, notamment les Parthes. Elles sont le plus souvent longues, mais les scènes du chaudron de Gundestrup montrent clairement des braies s'arrêtant aux genoux.

Un esclave place les chaussures aux pieds de notre guerrier. Celles-ci sont légèrement montantes et sans talon (habitués que nous sommes aux souliers modernes munis de talons, porter des chaussures plates est un exercice pénible de nos jours pour tout acteur de l'« histoire vivante » antique).

Par-dessus la tunique, le guerrier endosse une cuirasse de cuir à lambrequins. Nous avons choisi le cuir pour ce type de cuirasse, mais il n'est pas impossible qu'à cette époque d'autres aient été faites de plusieurs couches de tissu de lin collées, comme celles des phalangistes grecs. Le plastron et la dossière sont lacés de chaque côté du torse. Deux larges bretelles fixées sur la dossière sont rabattues sur le plastron, et assurent la protection des épaules et la fermeture de l'ensemble. Le bon assujettissement de cet élément demande l'aide d'une personne. Ces cuirasses remplissent la même fonction que les *subarmales* attestés dans l'équipement militaire romain. L'absence de preuve matérielle de cet élément pour les Gaulois nous oblige à la supposition, mais rien ne peut aller à l'encontre de la logique, car force est de constater que la cotte de mailles nécessite l'enfilage préalable de ce « sous-vêtement » adapté, autant pour rendre plus confortable le port de la cuirasse que pour absorber les coups reçus et mieux répartir les ondes de choc.

Ensuite vient la cotte de mailles, sans manche ; puis sur les épaules est ajoutée (à moins qu'elle ne soit solidaire de la chemise) une surcotte en mailles également, mais qui pourrait sans doute être aussi en cuir. Le poids et la souplesse de cette cuirasse nécessitent à nouveau l'assistance d'une ou deux personnes pour sa mise en place. Il en va de même pour son retrait, qui oblige le guerrier à se pencher fortement en avant afin de la faire glisser le long du dos. Une petite ceinture serre la cotte à la taille, afin de diminuer son poids, qui serait sinon entièrement supporté par les épaules. Il est possible qu'en cas de canicule, le guerrier revête par-dessus sa cuirasse une fine tunique pour le protéger du soleil et éviter ainsi l'échauffement du métal qui peut alors facilement brûler les chairs en contact avec lui.

Le fourreau est bouclé à la taille du guerrier au moyen d'un ceinturon composite, associant un élément de cuir et deux chaînes à maillons torsadés : un brin court et un brin long passant dans le dos. L'épée est retirée du fourreau le temps de la mise en place du ceinturon, afin de diminuer son poids et permettre une tension optimale. Cette opération nécessite encore une fois de l'aide. Enfin, une fois la ceinture bouclée, l'épée est réintroduite dans le fourreau.

Afin de garantir un peu plus le combattant, tout en accentuant son aspect impressionnant, le sayon est soigneusement enroulé pour former une sorte de « boudin ». Il est passé en bandoulière, maintenu sur l'épaule droite par une grande fibule de fer, ornée de deux perles de fer, dont l'aiguillon passe dans quelques anneaux de la cotte de mailles pour éviter le glissement. Le sayon est refermé sous le bras gauche à l'aide d'un simple lacet de cuir. Bien qu'empirique, cette manière de faire reste hypothétique.

Enfin le casque en bronze, muni d'un haut cimier de crin de cheval, complète la tenue de notre combattant.

Le bouclier et la lance seront portés par le servant d'armes jusqu'au moment de l'engagement de la bataille. Il peut s'agit d'un adolescent accomplissant sa formation de guerrier.

Tout équipé, notre homme pèse 20 kg de plus. Son entraînement lui permet de supporter le poids de cet équipement et la souplesse de la protection du torse facilite sa mobilité. En revanche, on peut difficilement lutter contre la chaleur. Les conditions climatiques et l'échauffement du corps dû à l'effort physique peuvent entraîner une déshydratation rapide. On voit mal notre guerrier tenir plusieurs heures sa place dans la bataille sans approvisionnement en eau, et les témoignages nous indiquent que ces affrontements pouvaient être longs ! Ce simple problème pratique pose un certain nombre de questions que de prochaines expérimentations pourront tenter de résoudre : les guerriers gaulois se relayaient-ils ? Pouvaient ils se retirer temporairement pour s'hydrater avant de retourner au combat ? Quelles dispositions adoptaient-ils pour pouvoir accomplir ces obligations ?

Porte-enseignes
Bataille de Crémone, Italie
vers 200 av. J.-C.

Carthage et les Gaulois
Dans les armées d'Hannibal

Dès le début de la seconde guerre punique, les Carthaginois font appel à des mercenaires de toutes origines pour grossir leur armée. Hannibal s'assure ainsi le concours des Gaulois d'Italie du Nord. Lors de la bataille de la Trébie (décembre -218), les Gaulois fournissent de l'infanterie (incorporée aux Ibères et aux Africains) et de la cavalerie. Il en va de même lors de la bataille du Lac Trasimène (-217) et de la bataille de Cannes (-216). De leur côté, les Romains disposent également de combattants gaulois, notamment des Cénomans – au tout début des opérations du moins, car ils déserteront ensuite. Polybe nous raconte comment Hannibal opposa en combat singulier deux chefs gaulois avant la bataille du Tessin : « *Ces hommes furent présentés à l'assemblée et Hannibal fit déposer à côté d'eux des armures gauloises, telles qu'en revêtent les chefs de cette nation lorsqu'ils vont engager un combat singulier* » (on regrette que l'auteur n'ait pas décrit plus avant cet équipement). La victoire du Tessin pousse de nouvelles tribus gauloises à rallier le camp punique. Au combat, les mercenaires gaulois sont toujours placés en première ligne et soutiennent le choc initial, subissant à chaque fois de lourdes pertes. Hannibal s'en défie toutefois, et d'après Polybe, le général prend toutes les dispositions nécessaires pour éviter les désertions des Gaulois, lorsque les opérations traînent un peu trop à leur goût.

La bataille de Crémone

Bien que la seconde guerre punique prenne fin après la défaite d'Hannibal à Zama en 202 av. J.-C., des combattants carthaginois sont toujours présents en Italie et ils tentent de soulever les Gaulois contre Rome. Ainsi, durant l'année 200 av. J.-C., Hamilcar, général de l'armée d'Hasdrubal, parvient à entraîner à sa suite les Gaulois insubres, cénomans et boïens, avec l'appui des Ligures. Ensemble, ils prennent et saccagent Plaisance, puis se dirigent vers Crémone dont ils entreprennent le siège. Le consul Lucius Furius part d'Ariminium à leur rencontre, et installe ses retranchements à environ deux kilomètres du campement ennemi, faiblement gardé, car beaucoup de Gaulois sont dispersés dans la campagne environnante. Le lendemain, une fois rassemblées, les forces gauloises se mettent en ligne et attaquent les Romains qui n'ont pas le temps de se déployer convenablement. L'assaut principal est donné sur l'aile droite des légions, mais sans succès. Ils tentent alors d'encercler les Romains, mais sont mis en déroute par leur cavalerie qui couvre justement les deux ailes. Au centre, les légionnaires enfoncent le front ennemi très aminci du fait de son étirement pour sa manœuvre d'encerclement. Le carnage est épouvantable : 35 000 Gaulois sont tués ou faits prisonniers. Moins de 6 000 hommes en réchappent. 70 enseignes et plus de 200 chariots chargés de butin sont également pris. Hamilcar est au nombre des morts.

L'équipement

« […] *Ils* (les Insubres) *mobilisèrent donc et concentrèrent toutes les troupes dont ils pouvaient disposer. Ils retirèrent du sanctuaire d'Athéna les enseignes d'or considérées comme sacro-saintes. Puis, ayant fait tous les préparatifs voulus, ils allèrent pleins d'assurance et redoutables à voir, offrir la bataille à l'ennemi avec une armée de cinquante mille hommes […]* » (Polybe, II, 32)

Les enseignes militaires gauloises sont bien attestées par les textes, mais également par les sculptures figurant notamment sur l'arc de triomphe d'Orange, et enfin grâce à quelques artefacts archéologiques, comme celui de Soulac-sur-Mer (Gironde), découvert fortuitement en 1989. En dehors des effigies animales en tôle, d'autres éléments actuellement répertoriés comme armements gaulois pourraient également appartenir à la famille des enseignes, tels que des fers de lance d'une taille démesurée et très souvent ajourés.

Aussi, disposant de ces deux types d'artefacts différents, nous avons choisi de présenter deux porteurs d'enseignes.

Nous n'avons aucune idée d'un éventuel équipement spécifique porté par des hommes chargés du port des enseignes. Devant le caractère sacré de ces dernières, on peut vraisemblablement penser que ceux-ci étaient recrutés au sein de l'élite guerrière. Ainsi, si les porteurs sont des guerriers, ils se doivent logiquement d'être bien armés. Nos personnages sont donc équipés d'un armement correspondant à l'époque en question, c'est-à-dire de la fin du IIIe siècle av. J.-C. Nous avons également envisagé l'hypothèse que ces deux enseignes différentes, si elles se sont côtoyées durant cette période, pouvaient occuper des emplacements différents sur le champ de bataille, d'où un armement distinct.

Porteur de l'enseigne-lance

Notre premier porteur d'enseigne a en charge un emblème particulier, puisqu'il s'agit d'un symbole représentant une lance. Il s'agit de la copie d'un artefact découvert dans une sépulture de « La Fin d'Écury » à Fère Champenoise (Marne), daté actuellement du second tiers du IIIe siècle av. J.-C. Le fer mesure environ 60 cm de longueur, pour une largeur maximale de 15 cm. Les ailettes sont ouvragées au moyen de cinq perforations circulaires d'un diamètre allant en décroissant vers la pointe, et de six groupes de trois perforations disposées alternativement, mais dont nous ignorons la signification. Certains spécialistes suggèrent que ces grandes perforations pourraient servir à nouer des rubans colorés. Pour notre part, nous pensons qu'il peut s'agir d'une référence aux actions militaires dans lesquelles cette enseigne (autrement dit le contingent qu'elle représente) aurait été engagée (mais dans ce cas de figure la place aurait sans doute fini par manquer rapidement), ou plutôt une référence au nombre d'hommes et aux spécialisations des guerriers inscrits dans ce contingent : les grands cercles représentent les élites ou l'infanterie dans sa globalité et, les petits, l'infanterie légère, ou pourquoi pas la célèbre *trimarcisia* (unité tactique de cavalerie composée de trois cavaliers).

Enfin, à la base de la douille, nous avons fixé deux hypothétiques torques, qui, d'après les témoignages antiques, l'art lapidaire gaulois et méditerranéen, et malgré leur extrême rareté dans les tombes masculines, sont alors portés par les guerriers. Ce symbole pourrait donc également être représenté sur une enseigne. À ce titre, l'énorme torque de fer et d'argent de Trichtingen (Bade-Wurtemberg), daté du

IIe siècle av. J.-C., semble plus adapté à être fixé sur une statuette à effigie humaine ou sur une hampe, comme nous l'avons représenté ici.

Notre porteur d'enseigne a revêtu une tunique et une paire de braies, en rapport avec quelques témoignages mentionnant le port de ces vêtements par les guerriers. Par-dessus sa tunique, il a enfilé une cuirasse épaisse, de conception analogue à des modèles plus anciens et dépourvue d'ornements. Par-dessus la cuirasse est disposée une cotte de mailles, dont la surcotte (ou doublure d'épaule) est en cuir épais. Il s'agit d'une probable restitution, comme le suggèrent, pour les Romains, quelques bas-reliefs dont ceux de l'arc d'Orange.

Sa tête est protégée par un casque en bronze de type Montefortino muni de larges paragnathides, comme l'exemplaire de Benacci (Italie) daté du début du IIIe siècle av. J.-C. Afin que notre homme soit bien vu de tous, le timbre est surmonté d'un cimier élaboré à partir d'une crinière de cheval qui rehausse sa stature. Ce cimier est disposé dans le sens transversal, à l'image du centurion romain. Nous n'avons aucune preuve de la disposition de pareilles crêtes chez les Gaulois, mais nous savons que chez les Grecs, certains officiers portaient également des cimiers semblables. Enfin, le casque est peint en rouge, toujours pour les mêmes raisons d'identification au milieu de la masse des combattants sur le champ de bataille. Nous n'avons également aucune preuve de l'existence de ces peintures chez les Celtes, mais elles existaient, là encore, sur des casques grecs et italiques.

Une épée est suspendue au côté droit dans son fourreau de fer. La lame à section losangique est puissante et légèrement plus lourde que les modèles à section nervurée, car la surépaisseur de fer nécessaire à la solidité est concentrée au milieu. La poignée est en chêne ; trois bagues de cuir sont intercalées entre la garde et la base de la fusée, au milieu de la fusée et enfin entre le pommeau et la fusée. Ces rondelles de cuir sont attestées sur des exemplaires d'épée dont les soies en ont conservé des résidus ; il semble que ce choix de la part de l'artisan soit technique et permette de faire un joint efficace entre les différentes pièces de bois.

Vers la fin du IIIe siècle av. J.-C., la paire de griffons fait sa réapparition à l'entrée des fourreaux d'épée. Ici, ils sont encore bien reconnaissables, malgré la frette de renfort munie de deux cupules superposées aux têtes, ce qui n'est pas toujours le cas sur d'autres exemplaires de fourreaux où ces animaux sont réduits à leur plus simple expression schématique, associés à des triscèles.

Les chaînes composant le système de suspension disparaissent et sont remplacées par du cuir épais et le plus rigide possible. Le crochet de fermeture demeure accompagné de trois anneaux de fer, dont

deux sont assujettis au pontet par une solide ligature. Le montage hypothétique du ceinturon se fait suivant le modèle adopté avec les chaînes de suspension.

Notre guerrier ne porte aucun bouclier, l'enseigne se tenant à deux mains lors des déplacements. On pourrait imaginer un bouclier suspendu en bandoulière, à l'exemple des porte-étendards romains. Toutefois, le bouclier oblong gaulois semble peu adapté à cette façon de faire, qui occasionnerait une gêne considérable. On peut supposer plus raisonnablement que notre homme soit encadré par une escorte de deux ou trois hommes pour le protéger.

Porteur de l'enseigne-sanglier

Notre second personnage a en charge la grande enseigne à l'effigie de sanglier. Cette enseigne s'inspire du modèle trouvé à Soulac-sur-Mer, daté actuellement du Ier siècle av. J.-C. La statuette est fabriquée à partir de deux tôles de laiton embouties, les pattes avant sont rapportées par rivetage sur les flancs. La crête, prise entre les deux tôles formant le corps, a été retravaillée pour faire correspondre les motifs ciselés à l'art en vigueur vers la fin du IIIe siècle av. J.-C. La figure animale est ensuite posée sur une plaque de laiton, elle-même fixée sur une planchette de bois. Ne disposant d'autres éléments quant aux fixations de l'enseigne de Soulac-sur-Mer sur une hampe, nous avons donc imaginé un système à douille. Il s'agit d'un tube d'alliage cuivreux fixé au-dessous de la planchette, dans lequel la hampe est fichée. Enfin, la partie distale de la hampe est terminée par une hypothétique douille de fer permettant, si besoin est, de planter l'enseigne dans le sol, ce qui peut être nécessaire si notre porteur doit se battre ou tout simplement lorsque les enseignes sont disposées en faisceau, comme cela est relaté par César dans ses *Commentaires de la Guerre des Gaules*, lors du conseil rassemblé dans la forêt des Carnutes pour élire le chef de la coalition gauloise.

À l'exemple de notre premier personnage, nous n'avons aucune idée de la tenue réservée à ce porteur d'enseigne. Nous avons choisi de le présenter faiblement armé, car il est possible qu'à l'époque l'enseigne elle-même ait été considérée comme une protection divine pour le porteur et le reste de la troupe.

Notre guerrier est affublé d'une tunique de lin jaune vif, surmontée d'un sayon taillé et agencé de manière à former une sorte de redingote sans manche, rabattue fortement sur le devant. Deux personnages du fourreau historié de Hallstatt, daté de la seconde moitié du Ve siècle av. J.-C. suggèrent cette restitution pour des person-

nages sacrés, bien que plusieurs siècles séparent cet artefact de notre reconstitution. Le sayon est fermé sur la partie haute par une série de fibules en fer et en bronze. Le sayon et la tunique sont ajustés à la taille par une fine ceinture de cuir, à laquelle est suspendu un petit poignard à douille.

Le casque est un modèle en bronze de type Montefortino. Il est surmonté de trois anneaux en bronze tout à fait hypothétiques pour des guerriers celto-italiques, mais suggérés par la découverte d'un casque de bronze doté de tels appendices parmi les pièces du dépôt de Tintignac (Naves, Corrèze) et dont nous allons parler dans le chapitre consacré au porteur de carnyx. Encore une fois, le souci d'identification par le reste de la troupe pourrait être la raison première de pareils ornements.

Il est tout à fait probable que ce porteur ait eu, comme son homologue porteur de l'enseigne-lance, une escorte de quelques guerriers pour assurer sa défense.

Comme nous l'avons suggéré, si ces deux types d'enseigne ont coexisté sur le champ de bataille, nous supposons qu'ils pouvaient avoir des fonctions et des emplacements différents dans le déploiement d'une armée gauloise. Devant le rappel évident de l'arme qu'est la lance avec l'enseigne en forme de fer de lance, nous pouvons imaginer que ce type d'enseigne symbolisait un « bataillon », et que plusieurs de ces « bataillons » étaient placés sous la coupe d'une enseigne animale. Ainsi, les porteurs d'enseignes-lances pouvaient prendre position à l'avant des troupes durant le combat, avec pour mission d'encadrer et de conduire des contingents mobiles de guerriers. C'est pour cette raison que nous avons choisi de représenter notre premier porteur bien armé, en raison de sa proximité de la zone de combat ; en cas d'urgence, l'enseigne, de par sa forme, pouvait également servir d'arme entre ses mains. Chaque enseigne animale encadrerait un contingent composé de plusieurs bataillons. Elles resteraient à l'arrière des troupes et serviraient de point de ralliement des contingents qu'elles représentent. On peut se risquer à faire le parallèle avec l'armée romaine, où chaque légion était conduite par une enseigne spéciale en forme d'aigle, et ses subdivisions (cohortes, manipules, centuries) par des enseignes spécifiques différentes.

Une telle structuration de l'armée gauloise reste évidemment hypothétique, mais le témoignage de la bataille de Crémone indiquant le nombre de tués, le nombre de survivants, ainsi que le nombre d'enseignes prises par les Romains, nous permet d'effectuer un petit calcul pour tenter d'estimer les effectifs placés sous une enseigne. Si l'on considère en effet que les 70 enseignes prises étaient celles des morts au combat, alors chacune d'entre elles pouvait regrouper un contingent de 500 hommes… ce qui correspond à peu près à l'effectif d'une cohorte romaine. Les textes ne nous aident malheureusement pas à préciser les types d'enseigne utilisés, et il se peut également que quelques enseignes appartenant aux victimes aient pu tout de même échapper aux vainqueurs. Avant l'engagement, l'armée aurait alors compris 41 000 hommes, regroupés en 82 contingents : chacun représenté par une enseigne.

Guerrier du Norique
L'invasion des Cimbres
vers 110 av. J.-C.

Le commencement de la fin

Les deux premières décennies du IIe siècle av. J.-C. voient l'écrasement total des Celtes cisalpins par Rome : les Boïens sont contraints de quitter l'Italie pour l'Europe centrale et, sans être toutefois expulsés, les Insubres voient quant à eux leur territoire fortement amputé. La fondation de colonies dans le nord de l'Italie a pour conséquence de mettre les Romains en relation directe avec les royaumes celtiques du centre de l'Europe, réunis vers le milieu du IIe siècle av. J.-C. en une confédération du Norique (située en grande partie en Autriche) dirigée par le roi Cincibilos.

Une série de conflits entre Rome et les tribus gauloises de l'arrière-pays de Massalia (Marseille) mène à la fondation d'une province reliant les Pyrénées aux Alpes. C'est durant cette époque que les Éduens (établis en région bourguignonne), en guerre contre les Arvernes (établis en région auvergnate), se lient à Rome.

Ces guerres opposent des forces gigantesques. Les Arvernes et leurs alliés rassemblent par exemple une armée de 200 000 hommes commandée par le roi Bituit. Ils seront défaits sur les bords du Rhône en -121 par les Romains, perdant entre 120 000 et 150 000 hommes.

La fin du IIe siècle av. J.-C. est le théâtre de la dernière grande invasion celtique, vraisemblablement en provenance du Jütland, menée par les Cimbres suivis des Teutons et des Helvètes tigurins, à laquelle se joignent probablement des Boïens, qui les ont combattus un temps, puisqu'un de leurs commandants se nomme Boïorix.

Les terribles Cimbres et Teutons

En 102 av. J.-C., les pérégrinations des Cimbres, des Teutons et de leurs alliés les mènent dans différents lieux d'Europe (Centre, Sud-Est, Sud-Ouest…), où ils s'opposent aux Gaulois et aux Romains. Dans le sud de la Gaule notamment, ils leur infligent de sanglantes défaites, comme à la bataille d'Orange où 80 000 soldats romains trouvent la mort. Cette même année, les Teutons tentent de passer les Alpes pour entrer en Italie. Le consul romain Marius, homme nouveau et providentiel, les taille en pièces à Aix-en-Provence en deux jours. Plutarque décrit les dernières heures de cette sanglante bataille, durant lesquelles les femmes barbares se jettent dans la mêlée en désespoir de cause : « *Les Romains taillèrent en pièces ceux qui étaient passés, et qui, n'osant pas faire tête à l'ennemi, s'enfuirent jusqu'à leur camp et à leurs chariots. Leurs femmes, étant sorties au-devant d'eux avec des épées et des haches, grinçant les dents de rage et de douleur, frappent également et les fuyards et ceux qui les poursuivent ; les premiers comme traîtres, les autres comme ennemis. Elles se jettent au milieu des combattants, et de leurs mains nues s'efforcent d'arracher aux Romains leurs boucliers, saisissent leurs épées, et, couvertes de blessures, voient leurs corps en pièces, sans rien perdre, jusqu'à la mort, de leur courage invincible.* »

L'équipement

Nous savons que ces peuples venus du Nord ont rencontré des peuples celtes, notamment ceux établis dans le Norique. Il est certain que ces rencontres ne se sont pas faites sans confrontations, mais on en ignore les circonstances. Notre personnage est paré pour la bataille qui s'annonce, pour chasser l'envahisseur du territoire. Les éléments de son équipement ne sont pas des reproductions de pièces archéologiques, mais des restitutions s'inspirant du style morphologique de pièces spécifiques de cette époque. Donc, par ce fait, notre reconstitution est crédible, mais hypothétique.

Ce guerrier a revêtu une paire de braies à carreaux typiques, en laine, et il a chaussé des chaussures de cuir inspirées des modèles retrouvés dans les mines de sel de Hallstatt (Autriche).

Une première tunique de laine est passée sur le torse. Par-dessus, une petite cuirasse ajustée et sans lambrequin est ajoutée comme protection, puis une autre tunique de laine est enfilée. Cette tunique est garnie d'une frange décorative obtenue à partir d'un tissage particulier utilisant un système de fines plaquettes carrées, perforées à chaque coin. Le sayon ou cape est agrafé sur l'épaule droite au moyen d'une fibule en argent de type Nauheim ; des fibules de ce type ont été découvertes sur l'*oppidum* de Manching, dans le sud de l'Allemagne. Le sayon est tissé de façon à laisser apparaître des losanges. Cette manière de tisser, baptisée par les spécialistes « sergé 2/2 », a été largement utilisée par les Gaulois et existe encore aujourd'hui.

L'armement est composé d'une lance, d'un bouclier, d'un casque et d'une épée. Cette dernière est suspendue au côté droit dans un fourreau de fer, fixé au ceinturon au moyen de deux anneaux de bronze. Ce fourreau a été reproduit à partir d'une pièce de fouille découverte à Port en Suisse.

La boucle de ceinture est constituée d'un anneau et d'un crochet ouvragé de bronze que l'on retrouve au sud de l'Allemagne et en Autriche. L'agencement du ceinturon de cuir est du type « Dumnorix », nommé ainsi d'après une représentation monétaire éduenne. Le choix de boucler la ceinture de cette manière demeure une hypothèse plausible, bien qu'il soit impossible dans ce cas de régler la tension.

L'épée est longue, suivant les types en vigueur durant La Tène finale, et la pointe est arrondie. Cette arme est particulièrement adaptée à un cavalier et sert principalement de taille ; l'extrémité arrondie semblant interdire toute utilisation efficace d'estoc. La poignée est en bois schématisant un corps humain sans tête. Deux petits disques de bronze sont insérés dans la fusée.

La lance mesure plus de 2 m et possède un fer à usage mixte, très effilé dans sa première partie afin d'assurer une bonne pénétration d'estoc, puis très large pour une utilisation par glissement afin de trancher les chairs de l'adversaire. La douille est très fine, d'environ 2 cm de diamètre. La nervure centrale assure la rigidité et permet d'affiner au maximum les ailettes, donc d'alléger le fer ; de plus, elle permet d'infliger une blessure en étoile difficile à cicatriser (comme le feront plus tard les baïonnettes des fusils français Lebel durant la Première Guerre mondiale).

Le bouclier est tout en bois, réalisé en chêne et recouvert de cuir brut. La pièce centrale volumineuse est en deux parties et renforcée par l'*umbo* de fer, également volumineux. Les clous de fixa-

tion de l'*umbo* sont recourbés au revers, assujettissant aussi un manipule de fer; le maintien de l'ensemble est donc très efficace. Un orle de bronze encadre tout le pourtour de la planche. La forme hexagonale ainsi que les dessins sont inspirés des boucliers de l'Arc d'Orange.

Enfin, le casque en bronze est classifié sous l'appellation « Coolus », du nom du site éponyme situé dans la Marne, où furent dégagés plusieurs artefacts. Un exemplaire similaire a été également découvert à Straubing, en Allemagne du Sud. Le protège-nuque est toutefois légèrement plus long que les originaux. Les garde-joues – ou paragnathides – sont réalisés d'après des pièces originales de bronze retrouvées sur l'*oppidum* de Manching (Allemagne).

Sonneur de carnyx
Centre de la France
Vers 60 av. J.-C.

Prélude à la guerre des Gaules

La société celtique ne demeure pas figée et évolue tout au long de son histoire, en fonction des ambitions de ceux qui la contrôlent, mais aussi des interactions avec les autres civilisations d'Europe. En Gaule septentrionale, l'évolution du pouvoir conduit plusieurs peuples gaulois vers des sortes de « proto-démocraties » où l'autorité n'est plus exercé par un roi et ses vassaux, mais par un sénat dont les membres sont issus de la classe aristocratique ou sacerdotale, dirigés pour un an par un magistrat élu, comme à Rome. Les Celtes étant divisés en de nombreux peuples (Éduens, Arvernes, Bituriges, Séquanes… pour ne citer que les plus importants), il existe autant de variantes.

Le pouvoir s'affirme alors essentiellement par l'établissement de places fortifiées : les *oppida*. C'est à partir de tels *oppida* que les Boïens de l'Est de l'Europe, après leur victoire sur les Cimbres, peuvent contrôler le trafic de Bohême et de Moravie et organiser de nouvelles implantations plus loin sur le Danube, jusqu'en Pannonie. C'est à cette époque qu'un groupe de Boïens, vraisemblablement réfractaires, se joignent aux Helvètes dans leur projet de migration vers l'Ouest. Après la défaite de ces derniers contre César devant Bibracte, ils sont autorisés à s'établir en Gaule, dans le Sancerrois. Plus tard, vers le milieu du Ier siècle av. J.-C., les Boïens de Pannonie seront vaincus par les Géto-Daces dirigés par Burebista.

Défaite des Boïens de Pannonie face à Burebista

« […] Un des leurs, nommé Burebista, sut s'imposer comme chef à la tête de leur nation. Voyant leur population éprouvée par des guerres continuelles, il reprit la situation en main et à force de discipline, d'obéissance à ses commandements, il les éleva si haut qu'il lui fallut peu d'années pour élever un vaste empire et soumettre à la domination des Gètes la plupart de leurs voisins. Devenu dès lors redoutable même pour les Romains, il franchissait impunément le Danube et se livrait au pillage de la Thrace sans en exclure la Macédoine et l'Illyrie ; il décima les Celtes qui se trouvaient disséminés parmi les Thraces et les Illyriens ; quant aux Boïens, sur qui régnait Critasiros, et aux Taurisques, il les anéantit jusqu'aux derniers. » (Strabon, *Géographie*, VII, 2, 2)

Des indices archéologiques mis en évidence sur le site de l'*oppidum* de Bratislava prouvent la fin brutale de cette cité dans les années 40 avant notre ère. Mais l'écrasement des Boïens de Pannonie par les Géto-Daces ne fut pas total. La dernière communauté de survivants fut intégrée dans l'Empire romain sous le nom de *civitas boiorum* dans les années 12-9 av. J.-C.

L'équipement

« […] Ils (les Romains) étaient fort impressionnés par l'ordonnance de l'armée gauloise et par le tapage qui s'élevait de ses rangs. Tandis que sonnaient d'innombrables cors et

trompettes, l'armée tout entière poussait des clameurs guerrières, si bien que ce n'étaient plus seulement les trompettes et les cris des hommes que l'on entendait, mais tout le pays alentour en résonnait et semblait ajouter sa voix à ce concert […] ».

Comme le décrit Polybe au sujet de la bataille de Télamon (*Hist.*, XI, 30), voir une armée gauloise rangée en bataille était un véritable spectacle, qui avait de quoi terrifier. De nos jours, pour se faire une idée du vacarme produit par plusieurs milliers de guerriers gaulois entamant un *tumultus gallicus*, le meilleur endroit serait encore de se rendre dans un stade de football bien rempli ! Ce préambule sonore à toute bataille consistait en un mélange assourdissant de cris, de sonneries de trompettes, de chants de guerre, d'insultes à l'adresse de l'ennemi, et du cliquetis des armes entrechoquées. L'idée était bien sûr d'impressionner l'adversaire avant d'en venir aux mains, car un ennemi qui a peur est déjà à moitié vaincu.

Même si l'organisation de l'armée gauloise sur le champ de bataille est encore largement tributaire de l'hypothèse – qu'on est légitimement en droit de remettre en question – d'un ordonnancement et d'un fonctionnement probablement proches, sur certains aspects, de ceux de l'armée romaine, quelle que soit sa façon de manœuvrer, il est au moins nécessaire de pouvoir commander au minimum la charge ou la retraite. Et la chose n'allait sans doute pas de soi ! Dans un tel chaos sonore, il devient évident que toute tentative de donner des ordres par la voix, aussi puissante soit-elle, est vouée à l'échec. Ainsi même après les cris de guerre précédant l'engagement, le bruit du combat nécessite que les ordres soient relayés par un instrument sonore puissant. C'est sans aucun doute l'une des fonctions du célèbre carnyx, une longue trompette terminée par une tête de sanglier.

L'essentiel de l'équipement de notre personnage s'inspire de la panoplie, en vigueur au Ier siècle av. J.-C., qu'on attribue aux cavaliers. Par-dessus sa tunique, le porteur de carnyx a enfilé un gambison de tissu rembourré pour se protéger des frottements de la cotte de mailles et accroître sa fonction protectrice. Cette cotte de mailles est simple et ne possède pas de surcotte garantissant les épaules, ce qui est une hypothèse plausible, bien que les doublures d'épaules soient, semble-t-il, d'un usage très courant.

La tête est protégée par un casque de fer, typique des Celtes transalpins. Il est fait d'une calotte d'un seul tenant, sur laquelle est rivetée une visière occupant toute la périphérie, avec un bourrelet concentrique destiné à la renforcer. Sa forme est simple et inspirera les armuriers romains pour la conception de la série de casques baptisés « Weisenau », qui équipera les légionnaires du Haut-Empire.

Par-dessus la cotte de mailles, notre homme a agrafé un sayon de laine, tissé de manière à dessiner des chevrons, à l'aide d'une fibule de fer de type Nauheim. Une seconde fibule du même type mais en bronze, ferme le sayon sur le flanc droit.

Une épée longue dans son fourreau de fer est suspendue au côté droit. Ce fourreau est toujours d'une conception identique à ses prédécesseurs, mais certaines pièces ont subi des mutations morphologiques, notamment la bouterolle, simple, en forme de « U », et renforcée par des barrettes transversales sur la face interne ; le nom qu'on leur donne habituellement est « bouterolle à échelle ». Le pontet est devenu long et volumineux, et il est renforcé par une frette. La suspension du fourreau à la taille se fait au moyen d'une ceinture dotée d'un crochet de fixation simple, et d'anneaux reliés sur le pontet.

À gauche du ceinturon, notre personnage a placé un petit poignard gainé dans un fourreau de cuir. La poignée est en bronze, de forme anthropomorphe. Il convient de préciser que les poignées d'épée de bois ont toutes cette forme générale. Ce type de poignée de bronze est présent dès le Hallstatt final ; la nécropole de Chaillon (Meuse) a livré deux exemples de dagues avec poignées d'airain dont la morphologie suggère la forme humaine : les quatre membres sont schématisés par quatre boules, avec une cinquième pour la tête sur la partie distale de la poignée.

Le carnyx est restitué tout en bronze à partir d'un fragment de tête retrouvé à Mandeure et conservé aujourd'hui à

Montbéliard (Jura). La longueur de la trompe (près d'1,70 m) est suggérée par trois porteurs de carnyx figurés sur le chaudron de Gunderstrup. Ce n'est que récemment, en 2002, une fois cette reconstitution faite, qu'a été découvert le trésor de Tintignac (Naves, Corrèze). Il s'agit d'un ensemble exceptionnel de pièces métalliques diverses, dans lequel se trouvaient cinq carnyx en bronze, démontés probablement pour faciliter leur inhumation. Certains d'entre eux présentent des têtes de sanglier aux caractéristiques morphologiques voisines du modèle présenté ici. Les premiers diagnostics ont permis de déterminer une longueur presque identique à celle de notre reconstitution. Nous en apprendrons plus grâce aux publications détaillées des résultats de fouilles et d'analyses, notamment sur les embouchures dont nous ne savons rien. Si notre carnyx est coudé de façon à présenter l'embouchure face aux lèvres, sans avoir à lever la tête, il semble que les artefacts de Tintignac ne présentent pas cette courbure, imaginée par les reconstituteurs pour des raisons de commodité. C'est une embouchure de trompette moderne qui est utilisée ici. La puissance sonore de l'instrument est importante, bien que nous n'ayons pu en mesurer précisément les décibels. Toutefois, il est possible que les embouchures conformes aux modèles de Tintignac donnent une puissance et un son différents.

Plusieurs exemplaires de ce type rassemblés sur un champ de bataille seraient sans aucun doute entendus de la plupart des combattants. Ces instruments servaient alors à amplifier le cri de guerre, puis très certainement à ordonner la charge, puis les éventuelles retraites sur des points précis de la ligne de front.

L'ARMÉE EN MARCHE - LE BIVOUAC

L'armée en marche

L'entrée en guerre était prononcée lors des conseils armés réunissant les chefs, leurs guerriers et les hommes libres en droit de porter les armes. Une fois la décision prise, les armées étaient rassemblées le plus rapidement possible. On ignore quelles étaient les modalités de déclaration de guerre chez les Gaulois, et si ceux-ci avaient recours à une procédure particulière à l'encontre de leurs ennemis, à l'exemple des Grecs ou des Romains.

Lorsque les campagnes militaires s'échelonnaient sur plusieurs journées, voire plusieurs mois, il était indispensable de préparer l'expédition : définition du nombre de combattants nécessaires, nombre d'hommes pour aider au convoyage du matériel, vivres, chariots, animaux de trait, montures, artisans et leur outillage pour l'entretien et la réparation du matériel, etc. De fait, il était essentiel pour les chefs gaulois de bien connaître l'ensemble des moyens à leur disposition. Il est donc certain que des documents et inventaires écrits devaient être établis, comme le montrent les tablettes de recensement récupérées par les Romains au lendemain de la bataille contre les Helvètes, qui eut lieu aux environs de Bibracte en 58 av. J.-C.

D'autres précautions s'avéraient primordiales : bien connaître les territoires et l'ennemi à affronter, et s'accorder les faveurs des peuples pouvant être rencontrés en cours de route. Ces missions étaient alors dévolues aux ambassadeurs et aux éclaireurs.

Dans ces conditions, on imagine sans peine l'organisation colossale nécessaire à la mise en place de la Grande Expédition de -278, qui rassemblait plusieurs dizaines de milliers de personnes. Rappelons que les familles accompagnaient les combattants dans leurs marches, comme le confirment plusieurs témoignages, dont celui qui mentionne le suicide de chefs juste après l'exécution de leurs proches lors de campagnes désastreuses, ou encore le récit de la terrible bataille d'Aix-en-Provence, qui souligne l'action des femmes restées sur les chariots entourant le camp, tuant leurs propres compagnons en fuite et s'en prenant à leurs poursuivants. Cependant, la présence des familles ne semble être avérée que lors d'expéditions de grande ampleur – et probablement sans retour –, dans le cas de la recherche de nouveaux territoires où s'installer, mais aussi parmi les troupes de mercenaires pouvant être employés pendant plusieurs années loin de leurs territoires d'origine.

Mettre en mouvement une telle foule devait très certainement prendre des heures, et la colonne devait s'étirer sur de grandes distances, que nous pouvons tenter d'estimer grâce aux calculs de quelques passionnés. L'exemple cité ici concerne un groupe de 4 500 hommes, comprenant respectivement 2 000 fantassins « lourds », 2 000 fantassins « légers » et 500 cavaliers. Dans ce convoi, les tentes, l'eau et la nourriture pour hommes et chevaux sont transportées par chariots, à raison d'un chargement de 500 kg pour un chariot tiré par un cheval. Les fantassins transportent leur matériel à dos. Ainsi, les charges à transporter sont particuliè-

rement impressionnantes : le poids de l'ensemble des tentes hypothétiques serait de 25 tonnes environ, celui de l'eau pour les hommes et les chevaux d'environ 130 tonnes et celui de la nourriture d'environ 120 tonnes et ce pour seulement trois jours d'autonomie ! Au total, le nombre de chariots nécessaire au transport de tout ce matériel serait d'environ 550.

La disposition des fantassins se faisant sur trois colonnes côte à côte, des chevaux sur deux colonnes côte à côte, un espace étant laissé entre les chariots, la colonne de marche s'étirerait alors sur plus de 6 km, et il se passerait environ une 1 h 45 entre le moment de la mise en marche de la tête de la colonne et celui de la queue !

Devant ces données conséquentes, on peut sans mal se faire une idée du cauchemar logistique vécu par les chefs d'une armée de plusieurs dizaines de milliers de personnes.

Lors de la marche, le commandement devait être régulièrement renseigné par les éclaireurs, pris logiquement chez les cavaliers : état de la route, danger à venir, présence ou non de points d'eau, fermes isolées, bourgs, villes... Au terme de la marche, lorsqu'on se savait proche de l'ennemi, un emplacement était choisi pour dresser le campement. Nous ne savons pas si les Gaulois dressaient des défenses pour protéger leur camp. En revanche, quelques témoignages nous font comprendre que le campement pouvait être entouré par les chariots, créant un rempart contre d'éventuels assaillants. C'est du moins ce que laisse entendre César lors de la bataille de Bibracte contre les Helvètes : « [...] *Les Barbares avaient en effet formé une barricade de chariots et, dominant les nôtres, ils les accablaient de traits à mesure qu'ils approchaient [...]* » (B.G., I, 26).

L'arrivée des « voyageurs » devait prendre plusieurs heures, soit plus de sept heures pour une troupe de moins de 20 000 hommes, et la mise en place du camp peut-être même quelques jours. Ce moment devait être délicat, car le convoi était alors particulièrement vulnérable. Les récits antiques regorgent de convois attaqués par surprise, il semblerait que les guerriers gaulois fussent passés maîtres dans l'embuscade !

Le bivouac

Une fois le campement établi, il s'agissait de préparer la nourriture, réparer le matériel endommagé, panser d'éventuelles blessures. Il est plus que probable que des détachements se mettaient en quête de nourriture, par le pillage des habitations, l'achat ou le troc, et par la chasse et la cueillette. Suivant le nombre de personnes présentes au sein d'une armée, ces pillages devaient laisser les territoires traversés exsangues ! Aussi est-il raisonnable de penser que les chefs tenaient compte de la période des moissons pour lancer leur migration, afin d'être sûrs de pouvoir trouver les aliments sur place. Lors de la guerre des Gaules, la stratégie de Vercingétorix était notamment de détruire les cultures et les réserves de nourriture pour priver les Romains de ravitaillement et les forcer ainsi à arrêter la guerre. Sans eau, ni vivres, il est en effet impossible d'envisager la moindre action militaire.

Les chemins pouvaient être accidentés et entraîner des dommages parmi les véhicules, voire occasionner des blessures. Il devait être alors indispensable d'avoir des artisans pour effectuer les réparations ainsi que des

« médecins ». Certaines interventions devaient se faire en cours de route, alors que d'autres pouvaient attendre la halte ou l'arrivée à destination. Ainsi, une fois le camp monté, un certain nombre de personnes ne devaient pas pouvoir se reposer, mais travaillaient afin que tout soit en ordre. On devait trouver également dans le camp un ou plusieurs ateliers de forge, de menuiserie, de vannerie, etc. Et probablement des infirmeries.

On ne sait pas comment était organisé le camp. Vraisemblablement, une disposition particulière devait être adoptée afin de faciliter la circulation interne, ainsi que des portes de sortie facilement accessibles, notamment en cas d'attaque. Les bêtes de somme et les montures devaient être parquées à proximité, et non laissées en liberté dans le camp ; on peut imaginer l'hygiène déplorable si tel avait été le cas ! Sachant que les armées gauloises importantes pouvaient rassembler plusieurs chefs et leurs hommes, on peut croire qu'une grande tente ou un espace découvert important ait été aménagé au centre du camp pour réunir l'ensemble du commandement, mais que les différents chefs disséminés dans le camp aient eu chacun leur propre tente d'état-major et leurs enseignes.

Lorsque l'ennemi campait à proximité, on faisait sortir les combattants du camp pour offrir la bataille. Ces allées et venues pouvaient durer plusieurs jours comme le relate Tite-Live lors de la bataille de Sentinum : « *[...] Pendant deux jours, ils* (les consuls de l'armée romaine) *cherchèrent à attirer l'ennemi* (Gaulois et Samnites) *au combat ; pendant ces deux jours il ne se passa rien de mémorable. Il y eut quelques victimes de part et d'autre ; on se tenait prêt à livrer un combat régulier tout en hésitant encore à engager la totalité des forces dans une bataille décisive. Le troisième jour, les troupes au complet descendirent dans la plaine* ». (X, 27).

Cavalier
Guerre des Gaules
Plateau de Langres
Vers 52 av. J.-C.

La guerre des Gaules

Les Gaulois se battent continuellement pour la suprématie. Les alliances se font ou se défont au gré des circonstances. De -69 à -63, les Arvernes (d'Auvergne) et les Séquanes (du Jura) s'allient contre les Éduens (de Bourgogne). Pour les aider dans cette entreprise, ils font appel aux Germains. Après de terribles combats, qui voient disparaître une grande partie de la classe dirigeante éduenne, les Germains décident de s'installer durablement sur les territoires séquanes, se livrant au pillage. De leur côté, en -61, les Helvètes du plateau suisse organisent une migration vers l'Ouest. Déjà très éprouvés par leur précédente guerre, les Éduens implorent l'aide de Rome. À leurs côtés, Jules César stoppe l'avancée helvète devant Bibracte, la capitale éduenne, en -58. Peu après, le proconsul livre bataille à Arioviste, roi des Germains, et le refoule outre-Rhin, mettant fin à ses exactions.

De -57 à -51, différentes coalitions de peuples gaulois entrent en lutte contre Rome. Les Belges d'abord, qui sont vaincus, puis une coalition de peuples gaulois de l'Océan, dont font partie les Vénètes, qui est également soumise. César combat de nouveau les Germains, puis encore les Belges. Enfin, les peuples du Centre s'allient sous l'autorité de Vercingétorix, mais ils sont battus à leur tour à Alésia, en -52. La guerre des Gaules prend fin en -51 après la défaite des derniers insurgés à Uxellodunum. La Gaule intérieure est alors déclarée province romaine sous le nom de *Gallia Comata*.

-52, plateau de Langres, défaite de la cavalerie gauloise

Vercingétorix réunit les chefs et déclare : « *Les Romains sont en fuite vers la Province, ils quittent la Gaule ; cela suffit à assurer la liberté dans le temps présent ; mais c'est trop peu pour la sécurité du lendemain ; car ils reviendront avec des forces plus considérables, ils ne cesseront pas les hostilités. Il faut donc les attaquer tandis qu'ils sont en ordre de marche et embarrassés de leurs bagages. Si les fantassins essaient de secourir ceux qu'on attaque, et s'y attardent, ils ne peuvent plus avancer ; si [...] ils abandonnent les bagages pour ne plus penser qu'à leur vie, ils perdront en même temps leurs moyens d'existence et l'honneur. Quant aux cavaliers ennemis, il ne faut pas douter qu'il ne s'en trouve pas un parmi eux pour oser seulement quitter la colonne.* » *Afin qu'ils aient plus de cœur à cette attaque, Vercingétorix tiendra toutes ses forces en avant du camp et intimidera l'ennemi.* (César, B.G., VII, 66).

Les chefs acclament Vercingétorix et prêtent tous le serment de traverser à cheval deux fois les rangs ennemis.

Le lendemain, l'immense cavalerie gauloise (environ 15 000 chevaux) est scindée en trois corps pour attaquer la colonne romaine : deux sur ses flancs et le troisième de front pour lui barrer la route. La cavalerie romaine est également répartie en trois régiments et contre-attaque. Les bagages sont rassemblés au milieu des légions et les légionnaires soutiennent tous les assauts. Enfin, les Germains, alliés des Romains, se lancent à l'attaque d'une colline où se trouvent des troupes gauloises, les battent, et les poursuivent jusqu'au gros des troupes de Vercingétorix. Tous sont en fuite et les vainqueurs en font un grand carnage. Vercingétorix ordonne la retraite et se dirige vers Alésia…

L'équipement

La cavalerie gauloise a joui durant de nombreuses décennies d'une renommée sans égale. Au début de ses campagnes en Gaule, le gros de la cavalerie de César est recruté parmi les Gaulois comme troupe auxiliaire, et participe notamment à la défaite des Helvètes aux alentours de Bibracte, au tout début de la guerre. Il est fort probable que Vercingétorix ait fait partie de ces chefs alliés du proconsul, ayant fait leurs armes auprès de lui et s'étant de fait formés à la tactique et la discipline romaines. Si on devait imaginer à quoi Vercingétorix pouvait ressembler, son allure serait sans doute très proche de notre cavalier présenté ici.

Une fois de plus, notons que notre personnage est bien loin de l'image du barbare hirsute, vêtu à la mode franque et affublé d'armes de l'Âge du Bronze. On peut même avouer sans crainte que son apparence est plutôt sobre.

Il appartient sans nul doute à la classe dirigeante des Ambiani, installés en Picardie sur un territoire s'étendant de chaque côté de la Somme. Il a combattu dans la coalition des peuples belges en -57, au début de la guerre des Gaules, au sein d'un contingent d'environ 10 000 hommes, et a pris ensuite le parti de Vercingétorix dans l'armée de secours envoyée à Alésia, en lui dépêchant 5 000 guerriers.

Notre homme porte une tunique épaisse de laine à manches longues. Par-dessus celle-ci, il a revêtu un vêtement de cuir fonctionnant de concert avec la cotte de mailles. Il porte la traditionnelle paire de braies, habit adapté aux cavaliers pour atténuer les frottements cuisants de la selle.

La paire de chaussures, tout en cuir, s'inspire des formes anciennes dont quelques exemplaires conservés dans la tourbe ou les mines de sel sont parvenus jusqu'à nous. Cette forme semble être restée en usage ; le célèbre chaudron historié de Gundestrup découvert au Danemark (mais provenant du Sud-Est européen), présentant très vraisemblablement un récit mythologique celtique, montre des cavaliers dont le dessin schématique des souliers rappelle ceux de notre personnage.

La cotte de mailles est composée d'anneaux rivetés d'un nombre compris entre 40 et 50 000. Son poids est d'environ 10 kg. Elle est constituée de deux parties : la chemise et la surcotte protégeant les épaules. La forme générale s'inspire de la célèbre statue du guerrier de Vachère (Basses-Alpes). Une agrafe ajourée relie les deux parties de la surcotte afin d'éviter qu'elles ne s'écartent. Enfin deux phalères, hypothétiques, ornent les « rabats » d'épaules.

Par-dessus la cotte de mailles, un vêtement supplémentaire complète la défense du torse et protège du même coup la cuirasse des rayons du soleil qui peuvent chauffer le métal au point de rendre le port de l'armure inconfortable. La cape est passée en bandoulière, elle est agrafée sur l'épaule droite au moyen de deux fibules de type Nauheim en fer et en laiton. L'aiguille de la fibule de fer est également passée dans quelques anneaux de la maille pour éviter le glissement du vêtement. Composé de cuivre et de zinc, le laiton diffère du bronze formé quant à lui de cuivre et d'étain ; c'est un alliage connu au Ier siècle av. J.-C. dans la fabrication des fibules.

Le casque est en fer, et sa forme en cloche rappelle un ancêtre lointain, en bronze, du milieu de la période hallstattienne (voir p. 16-19). Il est muni de garde-joues ou « paragnathides » très couvrants, échancrés au niveau de yeux et de la bouche pour permettre au guerrier de bien voir et crier. Une large collerette sur tout le pourtour du timbre offre au visage une bonne protection face aux coups pouvant venir du haut, sans entraver pour autant le champ de vision, ce qui en fait un casque idéal pour un cavalier (à l'exemple des casques de type béotien, recommandés pour les mêmes raisons à la cavalerie grecque). L'intérieur du casque est garni d'une calotte de feutre assurant une bonne tenue sur la tête et une protection supplémentaire. Un cimier pouvait être placé sur le timbre, soit une crête de crin, soit une effigie animale, comme le montre une scène du chaudron de Gundestrup.

L'armement offensif est constitué d'une épée, d'une lance et/ou de plusieurs javelines pouvant être disposées dans un carquois suspendu à la selle.

Une longue épée dans son fourreau de fer est portée au côté droit au moyen d'un ceinturon de cuir agrémenté de trois anneaux et d'un crochet. L'épée, malgré sa longueur, demeure légère et ne dépasse guère le kilogramme. Sa poignée est en bois et rappelle une forme humaine très schématique.

Le fourreau est conçu de la même manière que ses prédécesseurs ; mais sa morphologie semble différente en raison de la mutation de certaines pièces, telles que la bouterolle. À cette époque, le bronze fait sa réapparition dans la conception de quelques fourreaux d'épée ; toutefois, ces derniers demeurent bien plus fragiles que leurs homologues de fer, surtout lorsque l'épée en est extraite. On peut donc douter de leur emploi à la guerre.

Mais rappelons que ces fourreaux sont tous démontables, et que l'artisan peut sans peine réparer une pièce abîmée.

Un bouclier complète l'armement, il ne pèse pas plus de 5 kg. Il est tout en bois, couvert sur les deux faces d'une grosse toile, peinte ici d'hypothétiques motifs ani-

maliers, inspirés de dessins apparaissant sur des monnaies gauloises contemporaines. La planche est garnie d'une arête centrale, la *spina*, renforcée par un grand *umbo* de fer. Cet *umbo* est maintenu au moyen de clous repliés sur le revers ; deux d'entre eux (les plus proches du centre) assurent également le maintien du manipule de fer assurant la préhension du bouclier. Sa forme plate est particulièrement bien adaptée aux cavaliers.

Le cheval semble être un animal sacré aux yeux des Gaulois, voué à la guerre. Toutefois, certaines découvertes indiquent qu'il pouvait être aussi consommé. En revanche, les analyses ont établi qu'il s'agissait d'animaux en fin de vie. Ce constat n'est pas général cependant.

D'autres découvertes archéologiques récentes dévoilent des coutumes funéraires particulières liant l'homme au cheval. Sur le site de Gondole (Le Cendre, Puy-de-Dôme), les travaux d'archéologie préventive assurés par l'INRAP ont permis le dégagement d'une fosse renfermant huit cavaliers et leurs montures à proximité de l'*oppidum*.

Huit hommes et leurs chevaux de petite taille – 1,20 m au garrot – étaient alignés quatre à quatre sur deux rangées, dans une fosse dégagée à environ 300 m à l'extérieur de la cité. Tous ont été enterrés sur le flanc droit, tête au sud et regard à l'est. Aucune arme, parure ou offrande, aucun élément de harnachement ne figurait dans la fosse. Rien ne permet d'expliquer les causes de décès autant des hommes que des animaux, ni de savoir s'il s'agit de cadavres issus d'une bataille.

Le cheval de notre personnage est conforme à ses ancêtres gaulois. Il est de petite taille : environ 1,25 m au garrot. En revanche, nous ne savons pas si sa robe tachetée était connue à cette époque.

La bride est un élément moderne, mais très peu différent des modèles de l'époque : des boucles de ceinture modernes remplacent les crochets simples de l'époque, et les anneaux de mors sont en demi-cercle au lieu d'être circulaires. La grande différence demeure au niveau de la selle. Cette dernière est dépourvue d'étriers, qui n'apparaissent en effet que plusieurs siècles plus tard. Pour assurer alors un bon maintien du cavalier, la selle est garnie de quatre cornes. Elle est constituée d'une armature de bois, rembourrée puis garnie de cuir pour protéger le dos du cheval et assurer le confort du cavalier.

Le maintien de la selle sur le dos de l'animal se fait au moyen de sangles, l'une passant directement sous le ventre et deux autres sur la croupe et le poitrail. Ces courroies sont garnies de phalères et s'inspirent des décorations figurant sur les chevaux du chaudron de Gundestrup, qui trouvent des correspondances avec quelques exemplaires trouvés en fouille, notamment les phalères en argent provenant du trésor de Manerbio sul Mella (Brescia, Italie), datées de la première moitié du Ier siècle av. J.-C. Nos phalères sont disposées sur les flancs du cheval : deux sur les cuisses, deux sur les épaules et une dernière est placée sur le poitrail.

En longeant ses alignements, le cavalier peut harceler l'adversaire avec ses javelines, mais il peut également combattre d'autres cavaliers avec une lance et/ou son épée. Enfin, il peut se lancer à la poursuite des fuyards et les abattre avec son épée, ses javelines ou sa lance. Toutefois, cette dernière devait être pourvue d'une dragonne afin de pouvoir l'extirper plus facilement une fois fichée dans un corps ou un bouclier ennemis.

La cavalerie gauloise, au Ier siècle av. J.-C., se compose d'unités rassemblant trois cavaliers, baptisées *trimarcisiæ* (un seigneur et deux écuyers ?). Aucun test n'a été effectué jusqu'à présent pour tenter de comprendre le fonctionnement d'une *trimarcisia*. Ce qui peut paraître simple dans l'exécution des mouvements avec seulement trois cavaliers, peut devenir nettement plus compliqué au sein d'une formation de plusieurs dizaines de *trimarcisiæ*. Un témoignage indique qu'un des trois cavaliers engage le combat, et que les deux autres attendent et veillent sur le premier, se tenant prêts à lui donner une autre monture ou d'autres armes.

Auxiliaire gaulois de l'armée romaine Frontière du Rhin 10 av. J.-C.

La Gaule, toujours en ébullition

César a compté dans son armée une multitude de Gaulois, que l'on ne peut en aucun cas qualifier de « traîtres », car ils n'ont pas eu conscience d'appartenir à une même communauté ethnique, qui s'étendait en réalité bien au-delà des frontières de notre France moderne. La Gaule était alors un conglomérat de tribus perpétuellement en guerre les unes contre les autres, et César usera à merveille de ces rivalités pour parachever sa conquête. Après Alésia, la Gaule n'est pourtant pas définitivement pacifiée, et il faut encore plusieurs campagnes pour en venir à bout. La découverte récente d'un camp romain aux environs d'Arras, daté des années 50-30 av. J.-C., témoigne de la persistance d'une résistance à l'implantation romaine dans certaines régions. Auguste achève l'œuvre de son oncle en soumettant les dernières populations hostiles de l'arc alpin à partir de 16 av. J.-C., et commémore sa victoire en érigeant un trophée à la Turbie, près de Monaco. La Gaule semble militairement désertée lorsque l'empereur Auguste ramène ses forces sur le Rhin pour les lancer à l'assaut de la Germanie, en 12 av. J.-C. Beaucoup de Gaulois participent à cette nouvelle aventure. D'après les statistiques, plus d'un tiers des soldats connus furent originaires de Narbonnaise au Ier siècle : la plupart légionnaires, quelques-uns prétoriens, peu auxiliaires. Ce sont ces troupes qui viendront briser les dernières velléités d'indépendance de la Gaule, en 21 apr. J.-C., et encore en 69-70.

Des Gaulois au service de Rome

Si les Gaulois se vendirent souvent au plus offrant, avec Rome, les traités d'assistance furent rares… Des siècles d'invasions et de combats acharnés ne pouvaient être facilement oubliés. Pourtant, des Gaulois installés dans le nord de l'Italie servirent Rome, d'abord comme alliés, puis comme légionnaires au début du Ier siècle av. J.-C., après qu'ils eurent reçu la citoyenneté romaine. Des généraux comme Pompée ou César les enrôlèrent pour combattre en Espagne ou en Gaule. De nombreux aristocrates, comme Vercingétorix (parfois des tribus entières, comme les Éduens ou les Rèmes), offrirent leur aide et fournirent à l'armée romaine du ravitaillement et une cavalerie de tout premier ordre. Une légion fut même recrutée pour la première fois en Gaule transalpine en -52, baptisée « Alouettes ». Entrés dans la clientèle des généraux romains, les Gaulois continuèrent de se battre à leurs côtés pendant les guerres civiles, et beaucoup furent récompensés du droit de cité. Parmi les nobles, certains embrassèrent tout naturellement la carrière d'officier romain. Le statut des combattants fut fixé par Auguste quelques décennies plus tard. Les citoyens entrèrent dans les légions. Les « pérégrins » (hommes libres mais dépourvus de la citoyenneté romaine) devinrent des « auxiliaires ». Regroupés au départ par zones administratives (Aquitains, Gaulois ou Belges), ils devaient servir vingt-cinq ans dans une cohorte d'infanterie (de 500 ou 800 hommes environ) ou dans une « aile » de cavalerie (de 500 ou 800 cavaliers).

L'équipement

D'une manière générale, l'aspect du guerrier gaulois évolue peu. La similitude des équipements a toujours été grande entre Gaulois et Romains, au point de provoquer quelques confusions préjudiciables pendant la guerre des Gaules. Et pour cause, car Rome emprunta aux Celtes plusieurs éléments de leur panoplie : la cotte de mailles, la selle d'équitation, et plusieurs versions de casques en bronze puis en fer.

Celui de notre homme est reconstitué d'après une trouvaille faite près de Sisak en Croatie (les garde-joues sont reproduits quant à eux d'après un artefact de Mayence). Il constitue l'un des premiers modèles de la fameuse série dite « Weisenau », que d'aucuns ont estimée d'apparition plus tardive, et que d'autres ont attribuée aux seuls légionnaires en raison de sa belle facture. En réalité, les études récentes montrent que les premiers exemplaires de cette série apparaissent dans les sépultures d'auxiliaires celtes, essentiellement en Slovénie. Ce casque est l'héritier direct des modèles « Port ». Réalisé tout en fer, il est muni d'un large couvre-nuque enveloppant, et d'une visière ainsi que de deux longs

« sourcils » estampés qui renforcent le timbre contre les coups de taille. Contrairement aux modèles postérieurs, il ne porte aucun support pour y fixer une crête. Le bord inférieur est découpé au niveau des oreilles pour faciliter l'audition. Ces casques vont évoluer pendant environ deux cents ans.

Notre soldat porte la classique cotte de mailles, composée d'une chemise souple et sans manche, descendant jusqu'à mi-cuisses, et doublée aux épaules pour accroître la protection à cet endroit vulnérable. Ces épaulières sont ici en cuir, avec une bordure soigneusement cousue, comme le suggèrent certains bas-reliefs, tels ceux de l'arc d'Orange, mais on pourrait tout aussi bien imaginer une doublure de mailles. Les deux bretelles sont rabattues sur la poitrine et fixées par de larges rivets et un double crochet, dont les extrémités forment des têtes de bélier, comme le montrent les pièces de fouilles.

Sous la cuirasse, il est d'usage d'endosser un *subarmalis* pour amortir le poids des mailles et les chocs. Ce survêtement rembourré est garni de solides bandes de cuir pour couvrir le haut des bras et des jambes. Par-dessous, le soldat porte une tunique de laine ou de lin, rouge, qui semble être la couleur portée au combat dans l'armée romaine. Cette tunique est normalement ample, mais au contact des barbares du Nord, les soldats ont emprunté l'usage des vêtements plus moulants.

Durant la saison froide, il est aussi habituel de se vêtir à la mode indigène d'une paire de chaudes braies de laine, taillées dans un tissu à carreaux typiquement gaulois. Aux pieds, notre auxiliaire chausse les classiques sandales militaires romaines cloutées : les *caligæ*. Une grosse paire de chaussettes de laine peut être la bienvenue pour se garantir du froid et des ampoules.

Le foulard est lui aussi apprécié. Il permet en temps normal de préserver le cou des frottements du bord de la cuirasse.

Ce soldat auxiliaire est un vélite, c'est-à-dire un homme combattant en voltigeur avec des javelines, en avant des lignes. Il doit donc faire preuve de mobilité. La pointe de ses javelines est d'un modèle courant. Son bouclier est adapté à cette hoplomachie particulière. Reconstitué d'après une trouvaille exceptionnelle de Doncaster, en Angleterre, il est plat, comme tous les boucliers celtes. L'*umbo* en bois et le motif

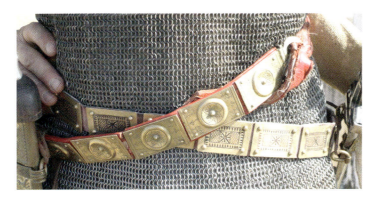

peint sont reproduits quant à eux d'après un relief de l'arc d'Orange (celui de Doncaster avait un *umbo* métallique). Pour combattre efficacement, l'homme doit pouvoir tenir un fagot de javelots dans la main gauche, et n'utiliser la droite que pour les lancer au fur et à mesure. Or, cette opération serait très gênante si le manipule du bouclier était horizontal (comme sur la plupart des autres boucliers), et même impossible si le bouclier était cintré. Pour pouvoir tenir dans la même main plusieurs javelots et la poignée du bouclier, cette dernière doit être forcément verticale, ce que confirme l'archéologie, et notamment le bouclier de Doncaster. En outre, celui-ci ne semble pas avoir été renforcé d'un orle, ce qui n'est en réalité pas nécessaire pour un homme destiné à combattre de loin.

Tout fantassin romain compte encore sur un glaive et un poignard, suspendus à une ceinture garnie de plaques décoratives, qui sera quelques décennies plus tard agrémentée sur le devant d'un tablier de lanières cloutées et lestées. Le poignard est encore très simple à cette époque, rangé dans un fourreau de bois gainé de métal. Sur la hanche droite, le glaive peut-être facilement sorti, sans découvrir le flanc du soldat. C'est une arme courte (environ 60 cm), née des dernières réformes militaires d'Auguste, destinée à favoriser le corps à corps dans lequel le soldat romain est passé maître. Auparavant, l'épée était plus longue d'une quinzaine de centimètres ; de telles armes se retrouvent encore à cette époque entre les mains de certains soldats. Un système de barrettes munies d'anneaux à leur extrémité permet de le suspendre, selon une vieille tradition empruntée aux Espagnols.

L'ART DE LA GUERRE

Le monde des guerriers

La société celtique

La société celtique est divisée en trois classes : la première est occupée par les rois et le clergé, la seconde par les aristocrates et les petits propriétaires terriens armés, qui fonctionnent de concert avec la première classe, et la troisième enfin par les artisans et les agriculteurs.

Les guerriers assurent la protection de la société et lui procurent des ressources par les guerres menées contre leurs rivaux. Ils prennent part aux décisions importantes lors des conseils armés.

Les guerriers obéissent à un code moral rigide, constitué d'une série d'impératifs et d'interdits : honneur, respect de la parole donnée, etc. La mort au combat est l'ultime récompense, ouvrant aux défunts les portes d'un monde d'opulence et d'ivresse éternelles. De fait, le guerrier consent à exposer sa propre vie au danger. Comme le montrent la plupart de ses armes (épées et poignards), il se bat de près et méprise sans doute un ennemi combattant toujours de loin, tels que les lanceurs de projectiles.

Le roi et les aristocrates sont entourés de guerriers professionnels, les ambacts, qui leur jurent allégeance jusqu'à la mort. Un roi peut en posséder plusieurs centaines. Le reste des guerriers est sans doute recruté parmi les propriétaires terriens, probablement eux-mêmes entourés de quelques guerriers formant peut-être la dernière catégorie de cette organisation hiérarchique. Enfin, on fait vraisemblablement appel à tout homme libre en âge de porter les armes : paysans et artisans. Ce sont sans doute les aristocrates qui fournissent les mercenaires et les accompagnent pour les commander.

On peut supposer que les souverains s'assurent le concours des guerriers par redistribution des richesses, notamment par l'intermédiaire de grands banquets. Ces banquets respectent également un code précis, et la place attribuée à chaque homme dépend de son statut social au sein de la classe guerrière et de sa valeur au combat. Ainsi, les plus braves ont droit aux meilleurs morceaux. La compétition est rude et il n'est pas rare que des querelles éclatent entre deux prétendants.

Enfance et entraînement

D'après quelques indices archéologiques, les enfants issus de la classe guerrière commencent leur formation dès leur plus jeune âge. La sépulture d'un jeune garçon a été découverte dans un petit cimetière gaulois à côté de Barbey. L'étude anthropologique a permis de déterminer l'âge du défunt entre douze et quatorze ans. Il était équipé d'une petite épée de type Hatvan Boldog (voir p. 70), d'une petite lance et, fait extrêmement rare, d'un torque rigide complètement fermé, qui avait probablement dû être passé autour du cou peu de temps après la naissance. Autre cas en Allemagne, à proximité de Reinheim (Sarre), où une double sépulture a été fouillée, renfermant une adolescente munie de deux torques, de deux bracelets et d'une paire d'anneaux de chevilles, ainsi que d'une petite fibule zoomorphe ressemblant à la statuette fantastique ornant le sommet de la célèbre cruche de bronze de la princesse de Reinheim. Reposait à ses côtés un jeune garçon équipé d'un brassard et d'une lance.

Les récits épiques irlandais nous parlent d'une coutume appelés « fosterage », dans laquelle les familles – probablement celles de la classe aristocratique – envoient leurs enfants faire leur éducation

dans une autre famille, soit de rang social identique, soit d'un rang plus élevé. Évidemment, cette coutume n'est peut-être propre qu'à l'Irlande ! Toutefois, un passage de la *Guerre des Gaules* de César précise qu'il est honteux pour un père d'être accompagné par son fils si ce dernier n'est pas en âge de porter les armes.

Il faut comprendre alors que ce fils n'accomplit pas sa formation au sein du cercle familial, mais ailleurs, et qu'au terme de celle-ci, à une majorité probablement établie par la coutume, une sorte de rituel initiatique intronise le garçon dans le monde des guerriers adultes. C'est probablement à ce moment qu'il reçoit les armes qui l'accompagneront tout au long de sa dangereuse vie. On imagine alors sans peine la détermination d'un guerrier formé depuis son enfance.

Venceslas Kruta souligne la probable existence de confréries guerrières évoluant en marge de la société. La nature de l'armement gaulois, et donc la façon dont les guerriers envisagent le combat, rend obligatoire un entraînement. Cela nous amène à penser qu'elles pourraient avoir dispensé une formation guerrière grâce à des maîtres d'armes réputés. Au terme de l'enseignement, le guerrier pourrait alors choisir de retourner auprès des siens ou d'intégrer le groupe ; à moins que des accords ne puissent être passés entre les différents seigneurs ou rois et ces groupes pour la fourniture d'une partie de la jeunesse destinée au métier des armes (?). Ces confréries seraient alors un foyer idéal pour le mercenariat.

En poursuivant cette intéressante hypothèse, il est possible que, d'une confrérie à l'autre, les codes moraux et l'enseignement des armes aient trouvé des différences. Les ornements des fourreaux d'épée pourraient par exemple être des signes d'appartenance. Durant le IVe siècle av. J.-C., plusieurs types de symboles se côtoient en effet sur les entrées de fourreaux d'épée : il s'agit soit d'une lyre zoomorphe, soit d'une paire de griffons affrontés, soit d'une frette ornée de triscèles ; les épées avec fourreaux décorés de la lyre zoomorphe sont des armes plus longues et plus puissantes que les deux autres modèles. Ces confréries dispensaient peut-être un enseignement privilégiant ici certains types d'armes, là certains comportements, tels que le sacrifice du guerrier sur le champ de bataille, ou certaines tactiques de combat collectif. Cette diversité trouve peut-être un écho dans l'incompréhension des peuples méditerranéens face aux méthodes de guerre gauloises, on pense notamment au mythe des guerriers nus, si tant est qu'ils aient réellement existé ; peut-être s'agissait-il d'une caste très particulière de guerriers, consacrée aux divinités avant la bataille et pratiquant un art de combat plutôt suicidaire.

Les épées avec fourreaux ornés de la paire de griffons affrontés ou de la frette avec triscèles sont des épées quasiment identiques. On pourrait en conclure une utilisation analogue et, dans ce cas, les deux symboles identifieraient deux confréries guerrières distinctes ou peut-être feraient la différence entre les jeunes guerriers en cours de formation et les guerriers confirmés. Toutefois, la fusion de ces symboles dans le courant du IIIe siècle av. J.-C. semble plaider en faveur d'une probable réunion des organisations guerrières mentionnées ci-dessus, ou alors la création d'un langage magique échappant à notre compréhension.

Hiérarchie et organisation

Le rassemblement des combattants : organisation et difficultés

Rassembler une armée demande de l'organisation. Il s'agit tout d'abord de réunir les différentes composantes, dépendant peut-être directement du modèle hiérarchique des classes guerrières, à savoir un aristocrate entouré de ses ambacts et accompagné de ses clients, probablement d'autres aristocrates de condition moindre et les propriétaires terriens. Parmi tous ces hommes, beaucoup devaient être parents, et il est probable que ce facteur ait été pris en compte lors de l'attribution des postes pour la bataille. Pour ajouter à la difficulté, ces familles, comme le laissent entendre certains témoignages, devaient parfois être rivales. Un élément de réponse peut être entrevu dans l'utilisation des enseignes. Le récit de la bataille de Crémone (Italie), vers -200, indique la capture par les Romains de 70 étendards ennemis, pour 35 000 morts gaulois et environ 6 000 rescapés. Si on admet que toutes ces enseignes appartenaient aux seules victimes, on peut alors imaginer une enseigne par groupe de 500 hommes au maximum, correspondant peut-être à la troupe réunie et armée par un seul seigneur. De la richesse de ce dernier dépendait la qualité de ses hommes et de leur équipement (à moins que chaque guerrier ait dû acquérir son propre armement à ses frais), ce qui devait offrir une certaine disparité dans les rangs de l'armée. En outre, les rivalités existantes entre les aristocrates devaient sérieusement compliquer le commandement général de ces troupes disparates, et les tractations pour s'assurer leur pleine coopération devaient être particulièrement difficiles. Durant l'Expédition vers la Grèce de -280, la mésentente entre Brennos et deux autres chefs, Léonnorios et Lutarios, entraîna par exemple leur défection, et celle de 20 000 personnes, dont 10 000 hommes en armes ! Ces deux chiffres montrent qu'une armée n'était pas exclusivement composée de combattants. On sait en effet que lors de ces expéditions lointaines, les guerriers se déplaçaient avec toute leur famille. Mais les nécessités liées à la guerre et l'appât du butin devaient aussi rassembler des gens de toutes sortes : artisans pour la confection et la réparation des armes, porteurs de bagages en plus des chariots et des bêtes de somme, marchands de toute espèce pour monnayer butin et prisonniers, etc.

La difficulté d'organiser le déplacement de telles masses humaines apparaît évidente, et la mise en place de pareilles expéditions devait prendre beaucoup de temps : rassemblement des hommes valides, fourniture des armes, des moyens de transport... La subsistance étant prélevée autant que possible sur le terrain, au détriment des populations rencontrées ; ce qui d'ailleurs devait poser rapidement des problèmes, car on peut imaginer la vitesse d'épuisement des vivres sur un territoire traversé ou occupé par plusieurs milliers de personnes. C'est probablement la raison de l'échec relatif de la Grande Expédition vers la Grèce au début du IIIe siècle av. J.-C. (voir l'armée en marche, le bivouac, p. 111-113).

D'autre part, on ne pouvait prélever tous les hommes valides, en raison de la main-d'œuvre nécessaire aux travaux agricoles ayant lieu au même moment que la saison de la guerre, à savoir l'été. Donc le choix de l'embauche de mercenaires apparaît évident, avec comme moyen de rétribution le butin futur. Toutefois, il est fait mention de *ver sacrum*, qui consiste à obliger toute une génération à se lancer dans la conquête de nouveaux territoires. Dans ce cas exceptionnel, l'ensemble des hommes était obligé à porter les armes, ce qui sous-entend un grand nombre de guerriers, mais aussi une plus grande disparité dans l'armement, notamment entre la classe guerrière évidemment bien armée et entraînée et les paysans, guerriers occasionnels.

La bataille

La guerre antique

Comme nous l'avons vu dans les chapitres qui leur sont dédiés, les armes gauloises sont étudiées pour garantir une bonne mobilité et permettre le combat de près. D'abord une lance, d'une longueur maximum de 2,50 m, d'un poids variant de 1 à 2 kg, utilisée à une main et en premier lieu jusqu'à sa perte, puis l'épée, légère et effilée, utilisée comme arme de seconde main ; le bouclier, très léger et doté d'une préhension horizontale, pour se protéger mais également pour porter des coups à l'adversaire. Un guerrier totalement équipé, armement défensif et offensif, ne porte jamais plus de 20 kg.

La guerre durant l'Antiquité s'envisage de plusieurs façons : la défense de sa communauté, la conquête et l'occupation du territoire ennemi, la confiscation ou la destruction de ses ressources vitales (cultures, bétail, habitat, population, etc.) pour l'inciter à se battre en une bataille décisive ou à se soumettre. Tout cela ne peut s'envisager qu'avec des hommes armés.

Empêcher l'ennemi de pénétrer sur son sol ou l'en chasser impose que les guerriers marchent au devant de lui. Si l'ennemi ne fait pas demi-tour, alors la confrontation est inévitable. La bataille est donc l'ultime acte lorsque toutes les autres possibilités, dont la diplomatie fait partie, ont échoué. Cette confrontation se réduit à la collision des deux armées jusqu'à ce que l'une d'elles soit anéantie ou s'avoue vaincue.

D'après le modèle méditerranéen et sans entrer trop dans les détails, à partir du IVe siècle av. J.-C. au moins, l'infanterie occupe le centre de la ligne de front et place des réserves en profondeur. Les ailes sont occupées par la cavalerie.

Le rôle de l'infanterie consiste à barrer le passage à l'adversaire. Pour cela, elle combine de l'infanterie légère et de l'infanterie dévolue au corps à corps. L'infanterie légère est disposée en première ligne, afin d'engager le combat en premier lieu avec ses armes de jet pour bombarder le front ennemi de projectiles et l'empêcher d'avancer. Elle se retire ensuite lorsqu'elle a épuisé ses munitions, ou lorsqu'elle se retrouve pressée par un adversaire qu'elle n'a pu faire reculer. L'infanterie pour le corps à corps prend alors le relais pour continuer le combat. La cavalerie, de par sa rapidité, a un rôle d'appui et peut tenter de déborder les ailes ennemies pour l'encercler ou protéger les ailes de son propre camp afin d'éviter toute manœuvre d'encerclement de la part de son adversaire. Ces manœuvres d'encerclement sont toujours tentées par les belligérants, car lorsqu'elles réussissent, elles peuvent entraîner des victoires relativement rapides et peu coûteuses en hommes pour le vainqueur. En rencontrant les forces méditerranéennes, les « stratèges » gaulois ont eu l'obligation de s'adapter, ce qui ne veut pas dire que les stratèges méditerranéens n'aient pas eu à s'adapter en fonction des techniques de guerre gauloises.

Sur un territoire où les espaces dégagés sont relativement restreints, il paraît vraisemblable que les batailles n'engageaient que quelques milliers d'hommes tout au plus, et que leur disposition sur le champ de bataille se soit faite autant en ligne qu'en profondeur et que les particularité des terrains aient été utilisées : bois, bosquets, fossés, etc. Toutefois, on peut supposer que dans les territoires du Nord des dispositions analogues à celles du Sud aient été utilisées.

Nous sommes toujours tentés d'imaginer une mêlée indescriptible où les adversaires se retrouvent sans ordre. Cela est probable lors du heurt des deux blocs, pour les trois premiers rangs seulement. À partir du quatrième, les hommes ont un rôle d'appui et attendent que l'adversaire soit plus proche d'eux pour se battre. Les témoignages des batailles d'hoplites rappellent couramment la perte de la lance dès les premières secondes du choc pour les premiers rangs. On peut considérer que les guerriers gaulois armés également de la lance aient été soumis à la même règle. Mais au cas où celles-ci demeuraient intactes, il devait être alors difficile de s'en servir, en raison de leur longueur, face à un adversaire trop proche, voire infiltré lors de l'enchevêtrement des premières lignes. Les dossières renforcées des guerriers du Ve siècle av. J.-C. pourraient suggérer cette possibilité, mais on peut aussi les expliquer par la nécessité de couvrir le dos des combattants montés sur des chars, qui s'exposaient lors des évolutions du véhicule.

Enfin, la coutume du mercenariat amenant les combattants à manœuvrer au sein de formations de type méditerranéen a certainement influencé les pratiques guerrières du Nord.

Le déroulement d'une bataille entre Gaulois
Les auteurs antiques, ainsi que les textes traditionnels irlandais, nous donnent quelques indices sur le déroulement d'une bataille entre Gaulois. Mais les descriptions des auteurs antiques ne sont peut-être valables que pour les Gaulois du sud de l'Europe, forcément influencés par les modèles méditerranéens. Toutefois, l'homogénéité de l'armement du Nord au Sud et à l'Est indique que les combattants ont su préserver leurs tactiques et en tirer avantage contre leurs adversaires non gaulois.

Faisons la synthèse de ces témoignages pour imaginer comment les Gaulois envisageaient la bataille rangée. D'abord, les guerriers sont déployés face à face. Ensuite, les champions sortent des rangs et provoquent des adversaires qu'ils estiment être de même rang qu'eux. Ils chantent alors les exploits de leurs ancêtres, profèrent des insultes. On trouve des correspondances évidentes avec les récits homériques où les champions s'affrontaient entre les deux armées, et dont l'issue du combat pouvait conditionner l'issue de la guerre, épargnant ainsi un grand nombre d'hommes. On peut imaginer que les provocations des champions gaulois aient eu à l'origine le même objectif (?).

Durant cette phase de provocation, les guerriers frappent leurs boucliers, les trompettes de guerre – ou carnyx – augmentent ce tintamarre organisé. Tous ceux qui ont survécu à une précédente bataille savent exactement ce qui va se passer durant l'affrontement. Un moral d'acier et la certitude d'une gloire éternelle doivent les aider à surmonter l'épreuve de l'attente et les empêcher de prendre leurs jambes à leur cou pour sauver leur vie. Les hommes de première ligne s'exposent ainsi, conscients de leur très faible chance de survie ! Victor D. Hanson a admirablement décrit ce phénomène à propos des Grecs, dans son ouvrage intitulé « *Le modèle occidental de la guerre* ». Lorsque les esprits et les sangs sont suffisamment échauffés, les lances s'abaissent et les deux armées s'élancent l'une contre l'autre et entrent en collision. À l'issue du combat, les vainqueurs entament un chant de victoire, s'emparent du butin laissé sur le champ de bataille, et prélèvent les têtes qu'ils ramènent chez eux afin de les conserver. Le dernier acte est le nettoyage du théâtre des combats. Précisons que tous les vaincus n'étaient alors pas morts, car les armes utilisées devaient aussi occasionner beaucoup de blessures plus ou moins profondes. Toutefois, les blessés graves étaient des morts en sursis et beaucoup devaient trépasser encore plusieurs jours après la bataille. De plus, les fuyards n'étaient pas forcément poursuivis par les vainqueurs pour être anéantis. Les morts étaient donc probablement peu nombreux, car sinon comment expliquer la récurrence annuelle des conflits ? L'anéantissement total de l'adversaire ne devait pas non plus être courant (à l'exception des batailles opposant les Gaulois à d'autres peuples tels que les Romains), ni même les grandes batailles rassemblant des dizaines

de milliers d'hommes. Ce genre de confrontations gigantesques pouvait laisser sur le terrain une masse considérable d'armes et de pièces d'équipement ; or les vestiges conservés aujourd'hui sont bien faibles eu égard à la fréquence des guerres et du nombre important d'hommes engagés. Cela peut s'expliquer par la difficulté à localiser aujourd'hui un champ de bataille, et par la nature ferreuse d'un armement pouvant entièrement disparaître sous l'effet de la corrosion. Dans tous les cas, à partir du IIIe siècle av. J.-C., les armes des vaincus ramassées sur le terrain après le combat faisaient l'objet d'un dépôt dans les sanctuaires ; mais peut-être s'agissait-il seulement des dépouilles les plus prestigieuses, prises sur des chefs illustres ; le reste étant probablement recyclé en prévision de combats futurs. On ne sait pas de quelle manière les corps des vaincus étaient traités. Une hypothèse existe à propos d'une exposition macabre, comme le suggèrent les fouilles de Ribemont-sur-Ancre, mais d'autres peuvent sans doute être avancées. En tout cas, un corps décapité devenait méconnaissable pour ses proches parcourant le champ de bataille, si ce n'est par ses vêtements, du moins tant qu'il n'en avait pas été dépouillé.

Hypothèses et expérimentations
Les connaissances sur la ou les manières de combattre des Celtes demeurent obscures. Pourtant, comme les Grecs ou les Romains qui ont créé leurs propres méthodes de combat collectif, ils ont mis au point une ou plusieurs tactiques de combat collectif. La composition de leur armement n'est pas fondamentalement différente de celle de leurs voisins du Sud (bouclier, arme de poing, lance).

La nature des territoires, mais surtout le fonctionnement social, conditionnent les méthodes guerrières. De par leur statut, les guerriers gaulois s'adonnaient plutôt, d'après les auteurs antiques, aux raids et razzias consistant à piller les richesses et le bétail de leurs voisins, voire à capturer hommes, femmes et enfants pour alimenter le marché de l'esclavage. La rapidité de l'action était donc déterminante, d'où la nécessité que leur armement fût fabriqué de manière à faciliter leur mobilité, et que leurs protections corporelles fussent légères et solides.

Lors de grandes batailles, le nombre d'hommes en présence oblige très certainement à les disposer en ordre et à les manœuvrer pour s'assurer une victoire. Les sources dont nous disposons sont relativement faibles : fragments de témoignages antiques, textes irlandais plus tardifs, mais présentant des analogies avec les périodes plus anciennes dont témoignent les auteurs anciens, le matériel archéologique enfin, qu'on ne peut faire parler autrement qu'en restituant des copies à l'état neuf afin de les expérimenter.

Même s'il subit une évolution avec diverses améliorations apportées au fil de l'histoire militaire, ce matériel ne présente pas de mutation fondamentale : le bouclier reste plat et oblong, l'utilisation de l'épée et de la lance se fait sans interruption.

Les guerriers gaulois devaient être parfaitement entraînés afin de pouvoir exploiter au maximum les capacités de leur armement. On peut imaginer que des maîtres d'armes dispensaient un enseignement adéquat, ce qui suppose une tradition guerrière durable et conservatrice. Pour les hommes du peuple, on ne sait pas s'il leur était imposé des jours d'entraînement ; dans tous les cas, leur armement devait se réduire au plus strict minimum : un bouclier, une lance et/ou plusieurs javelots, des pierres à lancer, des frondes, des arcs...

Plusieurs scénarios ont été testés en fonction des possibilités offertes par le matériel et des informations recueillies chez les auteurs antiques de différentes époques. Selon eux, les guerriers gaulois peuvent : s'élancer de leurs positions, se jeter sur l'ennemi, faire la tortue, maintenir des rangs serrés, charger avec des chars ou à cheval, pratiquer des embuscades... De toute évidence, la tradition militaire gauloise se fonde sur une mobilité extrême de ses troupes et sur son adaptation à toutes les formes de terrains, ce que confirme, dès la fin du IVe siècle av. J.-C., l'apparition des ceinturons à chaîne de suspension, conçus pour empêcher le balancement du fourreau durant la course.

Un armement adapté à la mobilité
Comparons deux types de combattants qui semblent radicalement différents au niveau de leurs équipements : les guerriers gaulois et les hoplites grecs. Nous ne comparerons ici que les fantassins (sans parler des troupes auxiliaires, dont l'armement est différent).

L'hoplite des VIe et Ve siècles av. J.-C. est lourdement armé et porte un maximum de protections : casque de bronze couvrant entièrement le visage, cuirasse de bronze (pour les plus aisés), cnémides de bronze terminées parfois par des protège-pieds articulés, bouclier rond et bombé d'au moins un mètre de diamètre en chêne, parfois couvert de bronze (doté d'un brassard pour le porter avec l'avant-bras et d'une poignée pour la préhension), parfois prolongé d'un tablier de cuir pour couvrir les jambes, lance et épée courte portée au côté gauche, en bandoulière. La tactique utilisée par ces hoplites, qui sont des fermiers libres prenant les armes pour défendre leur cité, est basée sur le principe d'un mur de boucliers, hérissé de lances et progressant au pas de course pour entrer en collision avec l'adversaire. C'est ce qu'on appelle la phalange : « *l'écu s'appuie sur l'écu, le casque sur le casque, le guerrier sur le guerrier ; les cimiers éclatants des casques à crinière se touchent, quand les hommes se penchent, tant ils sont serrés les uns contre les autres.* » (L'Iliade, XIII, 131-133, trad. Flacelière).

Le choix tactique de la formation serrée décrite ci-dessus nécessite un pareil équipement. Nous ne savons pas si le choix de celui-ci a engendré la tactique des rangs serrés, propre à la phalange, ou si ce choix tactique a entraîné la fabrication et le port d'un tel matériel ! Le combattant, se présentant tel un blindé pouvant encaisser les coups, s'en trouve cependant extrêmement alourdi, et donc peu mobile. Les hoplites sont rangés en colonne, sur une profondeur traditionnellement de huit hommes, ces colonnes sont placées côte à côte, les parents sont regroupés. De par leur lourdeur sous la chaleur de l'été, des pièces d'équipement sont revêtues à la dernière seconde. Jusqu'à ce moment, chaque hoplite est accompagné d'un aide portant son matériel. Une fois l'équipement en place, les valets quittent la phalange, et cette dernière s'ébranle immédiatement. À environ 200 ou 100 m, les hommes progressent au pas de course, chaque homme se déportant légèrement vers la droite afin d'avoir un maximum de protection sur son flanc droit par le bouclier de son voisin de droite ; ainsi, c'est toute la phalange qui se déporte vers la droite. Seuls les trois premiers rangs au moins voient ce qui se passe devant eux, les autres suffoquent dans la poussière générée par la marche de milliers d'hommes et chacun se contente de suivre l'hoplite se trouvant devant lui. Chargeant au pas de course, les rangs perdent quelque peu de leur cohésion, l'ensemble progressant à une vitesse d'environ 8 km/h. Les deux blocs se percutent de plein fouet, les trois premières lignes de chaque camp se trouvant entremêlées. Pour certains, la mort est immédiate, soit percés d'un coup de lance à l'aine ou au thorax, renversés et piétinés, étouffés par la pression exercée de part et d'autre. Une fois le contact établi dans la plus grande violence, les hommes entament la poussée, s'appuyant sur leurs camarades de devant afin d'ouvrir une brèche. On ne pouvait guère se battre ainsi plus d'une heure ou deux ! La guerre telle qu'elle est envisagée par les Grecs évoluera, notamment avec Alexandre ; la phalange restant la pièce maîtresse servant de « verrou » sur le champ de bataille.

Le matériel du guerrier gaulois est radicalement différent. Les protections corporelles se trouvent réduites à leur plus simple expression : une cuirasse légère parfois associée à une cotte de mailles ou, à défaut, à une cape enroulée autour du torse (telle qu'elle est décrite lors de la bataille de Télamon), un probable casque (leur découverte étant plutôt rare), un bouclier plat et oblong d'une longueur comprise entre 1 m et 1,20 m, une épée portée au côté droit, une lance.

Nous avons constaté que le bouclier gaulois, de par sa forme plate, n'offre qu'une protection relative au combattant, à l'image de l'hoplite cherchant à protéger son flanc droit derrière le bouclier de son voisin, ce qui est possible en raison du diamètre conséquent de son bouclier. En revanche, la soixantaine de centimètres de largeur du bouclier gaulois n'offre pas cette opportunité. Il en résulte que le guerrier doit constamment manipuler son bouclier pour se protéger : l'envoyer à la rencontre du coup adverse, le plaquer contre le flanc gauche dans certaines conditions, l'utiliser de façon offensive en percutant l'ennemi avec l'orle inférieur (voir chapitre concernant le bouclier gaulois, p. 24-27). Cette utilisation particulièrement offensive rend nécessaire le renfort du bouclier tout en privilégiant sa légèreté. Enfin, cette forme plate et oblongue est particulièrement adaptée pour le cavalier.

L'épée se trouve placée à droite. Nous avons remarqué que pour sortir l'épée du fourreau, un positionnement particulier du bras droit est nécessaire, impossible à reproduire dans une formation aussi serrée que la phalange (ce qui nous confirme l'obligation de porter l'épée à gauche pour les hoplites), phalange qui demanderait d'ailleurs aux guerriers gaulois de se serrer encore plus que les Grecs à cause de la faible largeur du bouclier. De plus, son maniement dans une formation serrée se réduit à des coups portés du haut vers le bas, c'est-à-dire de taille ; or, les épées gauloises dans leur grande majorité peuvent être utilisées également d'estoc, en excluant les grands modèles du Ier siècle av. J.-C. réservés à la cavalerie (voir L'épée, le fourreau et le système de suspension, p. 68-73).

Les fers de lance peuvent avoir des formes très diverses. On constate qu'au IIIe siècle av. J.-C., des fers de lance étroits et effilés coexistent avec des fers beaucoup plus larges et massifs. Nous avons constaté que les premiers avaient un fort pouvoir de pénétration, au contraire des seconds. Il en résulte une utilisation différente : le premier réservé à l'estoc et pouvant s'insinuer dans les défauts des protections de corps, le second privilégiant la taille pouvant être utilisé contre des adversaires dépourvus d'armure. Pour le second cas, son emploi est malaisé dans une formation très serrée, car celle-ci restreint la faculté de mouvoir le bras droit qui tient l'arme.

Enfin, le fantassin pourrait aussi être cavalier. L'association tripartite des combattants est fournie par un témoignage mentionnant une unité tactique composée de trois cavaliers, l'un des trois étant approvisionné en armes ou cheval par les deux autres et pouvant éventuellement se faire remplacer par l'un d'eux. Peut-on imaginer que le IIIe siècle av. J.-C. voie apparaître cette forme de combat réservée à un type particulier de guerrier, et qu'elle associe alors plusieurs types de fantassins spécialisés pour évoluer vers les trois cavaliers du Ier siècle av. J.-C.? Cela expliquerait la forme plate du bouclier, mieux adaptée pour la cavalerie qu'une forme cintrée, l'amélioration ensuite de la suspension de l'épée avec la chaîne, et la coexistence enfin de plusieurs types de fers de lance. Ainsi, l'organisation militaire gauloise inclurait des catégories spécifiques de guerriers munis d'équipements différents et adaptés.

Hypothèse de positionnement des guerriers gaulois sur le champ de bataille

Toutes ces observations nous amènent à imaginer un guerrier gaulois à l'opposé de l'hoplite. Les combattants gaulois ont besoin d'espace pour pouvoir donner toute la mesure de leurs armes, soit un espace équivalent à la place d'un homme entre chaque fantassin, mais aussi devant et derrière lui (comme dans l'armée romaine). Il est arrivé que les guerriers serrent leurs rangs, comme on peut le lire dans le récit de la bataille de Sentinum, mais ils demeurent alors statiques. En effet, lors de nos expérimentations, il est apparu qu'il était malaisé de se déplacer avec le bouclier oblong en rangs serrés, celui-ci gêne les jambes et oblige donc à le tenir loin du corps, à bout de bras. L'exercice demeure extrêmement fatigant et annule toute la force nécessaire à une percussion efficace des rangs adverses. Dans ses *Commentaires*, César mentionne l'adoption de la formation de la phalange par ses adversaires gaulois. Peut-être n'avons-nous pas encore exploité toutes les possibilités offertes par l'armement gaulois ? Mais force est de constater que nous n'obtenons pas de résultats satisfaisants lors de nos expérimentations, et que cette tactique conduisit les troupes gauloises à la catastrophe ! Ou alors, cette disposition n'est adaptée qu'à une certaine catégorie de combattants seulement : ceux qui ont été levés expressément pour une bataille exigeant des effectifs importants, des hommes sans entraînement, armés de boucliers et de lances uniquement. La phalange hoplitique ne demande pas d'entraînement intensif pour le maniement des armes durant la cohue provoquée par le choc des deux blocs, il suffit de pouvoir supporter le poids du matériel et de pousser de toutes ses forces. De plus, les fermiers grecs n'avaient certainement pas de temps à consacrer à un entraînement quotidien. On peut supposer qu'il en fut de même pour les paysans gaulois appelés à se battre.

Déployer ses guerriers sur le champ de bataille exige un savoir-faire évident, autrement dit une discipline rigoureuse. Les hommes sont rangés en colonne, puis ces colonnes sont placées côte à côte pour créer le front.

D'après une simulation basée sur une armée comprenant 10 000 fantassins, nous avons pu établir approximativement son occupation de l'espace. En considérant, comme nous le verrons plus loin, qu'un espace d'environ 1 m est laissé entre chaque combattant et suivant le nombre d'hommes en profondeur et en largeur, la ligne de front peut varier entre 800 et 2 000 m de longueur.

En considérant que les guerriers gaulois donnent l'assaut au pas de course (en sachant que pour garder un maximum de cohésion, la charge ne peut être déclenchée qu'à quelques mètres seulement de l'adversaire), il faut envisager que la charge se terminera par une collision avec l'alignement adverse. Dans ce cas, les hommes placés au premier rang ne pourront pas se servir de leurs lances au corps à corps, car la longueur de cette arme les obligerait à s'arrêter à 3 m environ de l'alignement ennemi, de façon à ce que le fer de lance reste maniable et offensif, mais il semble peu probable de pouvoir stopper net un élan de plusieurs centaines d'hommes ! En d'autres termes, les hommes du premier rang n'ont que deux possibilités : garder leur lance au poing et donner de toute leur force le coup d'estoc, ce qui signifie que le fer s'enfonce profondément dans le bouclier ou le corps de l'ennemi et qu'il devient donc quasi impossible à retirer, puis, se procurer une autre arme, soit l'épée, ce qui implique un temps « mort » pouvant être fatal au guerrier lorsqu'il dégaine.

Seconde possibilité : jeter leur lance pour tirer l'épée avant d'arriver au contact de l'adversaire, ce lancé durant la course demande de l'entraînement pour acquérir de la précision et de la force. Dans les deux cas, ces lances doivent donc alors être munies de fers acérés au fort pouvoir de pénétration. À défaut de tuer l'ennemi visé, son bouclier sera rendu quasiment inutilisable avec une telle arme fichée dedans. Lorsque, au terme de leur charge, les formations gauloises se retrouvent au contact de l'adversaire (et on peut aisément imaginer la violence de l'impact), les hommes du premier rang entament le combat à l'épée ; ceux qui sont placés juste derrière attendent que la place se libère pour attaquer à leur tour, soit lorsque le premier homme tombe, soit s'il se retire blessé ou épuisé.

Toutefois, ces guerriers du second rang ont conservé leur lance, et la longueur de celle-ci permet d'appuyer leurs camarades de devant en visant les jambes des combattants adverses. En effet, maintenir cette lance en hauteur peut gêner le camarade de première ligne maniant son épée. On peut donc penser que le premier alignement et le second agissent de concert. Nous croyons également que les lances utilisées sont équipées d'un fer large au faible pouvoir de pénétration en estoc, qualité nécessaire si l'on ne souhaite pas voir le fer se planter dans le bouclier adverse sans possibilité d'être retiré, ce qui permet l'utilisation de la lance tant que la hampe n'est pas brisée par un coup adverse. À travers nos expérimentations, nous avons enfin remarqué que les hommes tombés au sol finissent par former un monticule qu'il est périlleux de franchir en raison du danger que représente l'ennemi en face, et du danger potentiel des armes enchevêtrées dans cet amas humain et de l'instabilité de ce dernier. Le combat devient alors plus distant, et la lance est ainsi privilégiée jusqu'à ce que son rayon d'action soit rompu (car l'adversaire est trop proche), obligeant à abandonner la lance pour dégainer l'épée. Enfin, on ignore si les guerriers tombés étaient rapatriés à l'arrière par des hommes dévolus à cet effet ; or les espaces laissés entre chaque combattant le permettent. Notons que les guerriers étaient accompagnés de leurs porteurs de bouclier et de lance, et que ces derniers veillaient sur eux.

Spécialisation et fonctionnement

Au final, le fonctionnement de l'infanterie et surtout le positionnement des hommes sont curieusement semblables à ceux des légionnaires romains, chez lesquels un espace équivalent à la place d'un homme est nécessaire entre chaque combattant ! Il faut noter que le légionnaire romain semble avoir admirablement concilié la défense et l'attaque : son bouclier oblong et cintré lui assurant un maximum de protection, un javelot lourd (le fameux *pilum*) pouvant neutraliser le bouclier de l'adversaire – à défaut de le tuer à distance –, le rendant alors extrêmement vulnérable, une épée pour le corps à corps !

Malgré l'apparente nécessité d'une telle organisation, on peut envisager une méthode moins disciplinaire, surtout lorsque les batailles mettant aux prises des effectifs énormes imposent de recruter aussi dans la classe productrice, celle des paysans et des artisans. Les contingents formés par les hommes de la classe productrice fonctionneraient alors de façon dispersée, ce qui est nécessaire tout d'abord pour les hommes équipés exclusivement d'armes de jet et qui

peuvent se faufiler entre les colonnes (ce fonctionnement est identique à celui des troupes légères des armées méditerranéennes) et notamment en raison de l'armement dont disposent les autres : que pourrait en effet un paysan seulement armé d'une lance et d'un bouclier contre un guerrier aguerri, parfaitement équipé ? De toute évidence, le nombre et la mobilité seraient les seules parades. Dans cette forme de combat, il faut imaginer que plusieurs fantassins, probablement trois, s'en prennent à un seul guerrier. Dans ce cas, la « piétaille » disposant de lances est un assemblage de plusieurs groupes de trois hommes.

Cet ordre dispersé permet d'utiliser au mieux la lance, qui demande à ce que l'on soit toujours à bonne distance de l'adversaire pour le menacer avec le fer.

Dans nos expériences, nous ne nous sommes pas interdits d'insérer des lanceurs de javelots dans les couloirs d'un mètre aménagés entre les guerriers d'élite (armés du bouclier renforcé d'un *umbo* de fer, de la lance et de l'épée), pour lancer leurs armes sur l'adversaire. La condition est que ces guerriers légers ne doivent pas trop s'exposer, et doivent donc rester légèrement en retrait de la ligne de front. Si les colonnes du contingent se trouvant en contact avec l'adversaire sont profondes d'environ une dizaine d'hommes, alors ces lanceurs de javelots pourraient prendre position à côté du septième homme en partant du fond. Ils ne pourraient pas en effet se placer tout de suite aux côtés des premiers hommes de tête pour qui l'espace est nécessaire pour combattre, comme nous l'avons déjà précisé.

Dans ce cas, un observateur verrait les hommes de pareils groupements plutôt serrés à partir des hommes placés en troisième position.

À l'exemple de l'organisation tripartite de la société celtique, on peut envisager un fonctionnement analogue pour la guerre : cavalerie, guerriers à pied et fantassins recrutés dans la classe productrice : chaque groupement étant un assemblage d'unités de trois combattants.

La cavalerie fonctionnerait alors comme toutes les cavaleries européennes : harcèlement de l'infanterie en lançant des javelots, protection des ailes, manœuvre de débordement, contrer la cavalerie adverse et dans ce cas les guerriers peuvent être amenés à mettre pied à terre. Les guerriers à pied utiliseraient une formation ample avec des espaces entre les hommes, et chaque homme de tête serait appuyé par deux compagnons se trouvant derrière lui. La « piétaille » n'aurait pas d'organisation en rangs, et les hommes combattraient par groupes de trois.

Dans ce cas de figure, on comprendrait mieux l'étonnement des Méditerranéens devant l'inorganisation apparente des armées gauloises.

Glossaire

Bouterolle : pièce métallique plus ou moins ouvragée terminant la partie distale des fourreaux d'épée.
Braies : pantalon.
Clou : tige métallique d'assemblage munie d'une tête plus ou moins volumineuse, la tige peut être replié pour un meilleur maintien.
Cuirasse : protection du torse pouvant être en bronze, cuir ou tissu.
Fibule : agrafe conçue comme nos modernes épingles à nourrice et servant à fermer et maintenir les vêtements.
Frette : pièce de renfort des fourreaux d'épée.
Javelot : arme destinée à être jetée ; il s'agit d'une hampe munie d'un petit fer de lance.
Lambrequins : lanières de cuir pendant au bas de la cuirasse.
Lance : arme d'hast dont la longueur est comprise entre 2 m et 2,50 m.
Lyre zoomorphe : paire d'animaux fantastiques, des dragons, se faisant face ou se tournant le dos, le corps serpentiforme en forme de « S » ornant l'entrée de la plaque d'avers de certains fourreaux d'épée.
Manipule : poignée du bouclier placée horizontalement au centre du bouclier et protégée par la *spina* renforcée de l'*umbo*.
Orle : garniture tubulaire métallique protégeant le bord du bouclier et pour les périodes anciennes rigidifiant des fourreaux de cuir.
Paire de griffons : paire d'animaux fantastiques se faisant face et symbolisant un rapace flanqué d'une jambe humaine ornant l'entrée de la plaque d'avers de certains fourreaux d'épée.
Paragnathides : garde-joues articulés garnissant les casques.
Plaque d'avers : tôle constituant la gaine des fourreaux d'épée et souvent décorée.
Plaque de revers : seconde tôle constituant la gaine du fourreau d'épée et accueillant le pontet.
Pontet : pièce du fourreau placée sur la plaque de revers et servant à la suspension de ce dernier à la taille du guerrier ; elle sert à accueillir deux anneaux reliés à la ceinture.
Rivet : tige de fixation métallique écrasée aux deux extrémités.
Umbo **:** renfort métallique au centre du bouclier.
Sayon : cape agrafée sur l'épaule à l'aide d'une fibule.
Spina **:** arête de bois renforçant le bouclier, placée au centre de la planche verticalement.
Subarmalis **:** vêtement rembourré prenant place sous la cotte de maille.
Talon de lance : contrepoids terminant la partie distale des hampes de lance.
Torque : collier rigide porté par les femmes celtes d'un rang social élevé et par les guerriers.
Triscèles : symbole giratoire formé de trois branches.

BIBLIOGRAPHIE

Bonnamour L. : *Du silex à la poudre, 4000 ans d'armement en Val de Saône*, catalogue d'exposition, p 55-89, 1990-1991.

Brunaux J.-L. : *Les Gaulois, sanctuaire et rites*, Paris, 1986.

Brunaux J.-L. et Lambot B. : *Guerre et armement chez les Gaulois*, Paris, 1987.

Brunaux J.-L. : *Les Gaulois* (Guide Belles Lettres des Civilisations), Paris, 2005.

Catalogue de l'exposition de Venise de 1990 : *Les Celtes*, Éditions EDDL, 2001.

César, *La Guerre des Gaules*, traduction L.-A. Constans (1re éd. 1926, réed. 1990), Éditions Les Belles Lettres.

Feugère M. : *Les armes des Romains, de la République à l'Antiquité tardive*, Paris, 1993.

Feugère M. : *Casques Antiques, les visages de la guerre de Mycènes à la fin de l'Empire romain*, Paris, 1994.

Gilbert F. : *Le soldat romain, à la fin de la république et sous le Haut-Empire*, Paris, 2004

Gilbert F. : *Légionnaires et auxiliaires sous le Haut-Empire Romain*, Paris, 2006.

Gilles J.-F. : *Quelques hypothèses sur le maniement du bouclier celtique*, Instrumentum n°25, 2007.

Hanson V.-D. : *Les guerres grecques – 1400/146 av. J.-C.*, Paris, 1999.

Hanson V.-D. : *Le modèle occidental de la guerre*, Paris, 2004.

Kruta V. : *Les Celtes, Histoire et dictionnaire*, Paris, 2000.

L'art Celtique en Gaule, Ministère de la culture, direction des musées de France : Collection des Musées de Province, 1983-1984.

Lejars T. : *Gournay III, les fourreaux d'épées*, Paris, 1994.

Luginbühl T. : *Cuchulainn, Mythes guerriers et sociétés celtiques*. Éditions Infolio, 2006.

Mathieu F. : *Nouvelles propositions sur la suspension des épées laténiennes*, Instrumentum n° 22, décembre 2005.

Mathieu F. : *L'apport des tests expérimentaux à l'étude de l'armement gaulois au IIIe siècle av. J.-C.*, Instrumentum n°25, 2007.

Polybe, *Histoire*. Éditions Quarto Gallimard.

Rapin A. : *L'armement du guerrier celte au 2e Âge du Fer. L'art celtique en Gaule*. Exposition 1983-1984, p 69-79, 1983.

Rapin A. : *Le système de suspension des fourreaux d'épée laténiens au 3ème s. av. J.-C. : Innovations techniques et reconstitution des éléments périssables* (in *Celti ed Etruschi nell'Italia centro-settentrionale dal V secolo a. C. all romanizzazione*. Atti del colloquio internationale), p. 529-539, Bologne, 1985.

Rapin A. et Brunaux J.-L. : *Gournay II, boucliers et lances – dépôts et trophées*, Paris, 1987.

Rapin A. : *Les fourreaux d'épée*. Dossier d'Archéologie n° 258. Éditions Faton, 2000.

Rapin A. : *Un bouclier celtique dans la colonie grecque de Camarina (Sicile)*, (in *Anzeiger der Römisch-Germanischen Kommission des Deutschen Archäologischen Instituts*), p. 273-296, Germania, 2001.

Rudrauf Ph. : *L'ost en marche*. http://home.tele2.fr/ostenmarche/index.html.

Séguier J.-M. et Delattre V. : *Gouaix (Seine-et-Marne) La Haute Grève. Nécropole du deuxième âge du Fer*. Document Final de Synthèse de Fouille Préventive. 2 vol., Pantin / Saint-Denis, 2004.

Stead I., Hughes K. : *Early Celtic Designs*. British Museum Press, 1997.

Tite-Live, *Histoire romaine*, traduction Annette Flobert. Éditions GF Flammarion.

LES ASSOCIATIONS DE RECONSTITUTION PROTOHISTORIQUE

Les Leuki
http://perso.wanadoo.fr/leuki
Les Ambiani
http://www.les-ambiani.com
Les Gaulois d'Esse
http://lesgauloisdesse.free.fr
Branno Teuta
http://branno-teuta.3dvf.net
Aremorica
http://www.aremorica.com
et nos amis d'outre-Rhin :
Carnyx
http://www.keltentruppe.de
Hallstattzeit
http://www.hallstattzeit.de
Taranis
http://www.taranis-kelten.de
… et de Suisse :
Cladio
http://assoc.cladio.isuisse.com
Nantaror
http://www.nantaror.ch

Reconstitution des costumes et crédits photographiques
Gilles Betker, photos, p. 7, 12-13, 28-29, 31, 66-67, 86-87, 103, 107, 109, 114-115, 137, 138-139.
Werner Bodensteiner, reconstitution du char de combat et photos, p. 49 à 49.
François Gilbert, reconstitution et photos, p. 122 à 125.
Andreas Bräunling, reconstitution, p. 102 à 105.
Stéphane Gaudefroy, reconstitution, p. 116 à 121.
Ludovic Moignet, reconstitution, p. 106 à 110.
Stefan Jaroschinsky, reconstitution, p. 16 à 19.
Gisèle Daumas, photos, p. 7, 107, 109, 114-115, 130, 131, 132.
Associations Les Ambiani, photos et reconstitution, p. 112 (milieu), 113 (deux photos en haut de page).
Association HDGM, reconstitution, p. 112 (à droite).

Table des matières

Avant-propos 5
Introduction 9
Chronologie 14

Prince hallstattien – *Autriche* – vers 650-600 av. J.-C. 16
Chef de clan – *entre Meuse et Marne* – vers 500 av. J.-C. 20
   • *Le bouclier gaulois* 24
Chef de guerre – *région de l'Aube* – vers 450 av. J.-C. 30
Aristocrate – *Marne* – entre 450 et 400 av. J.-C. 36
Roi tribal – *Marne* – vers 400 av. J.-C. 40
   • *Le char de combat* 46
Chef sénon – *région d'Ancône, Italie* – vers 360 av. J.-C. 50
Mercenaire – *ambassade auprès d'Alexandre le Grand, région danubienne* –
vers 335 av. J.-C. 56
« Officier » d'infanterie – *région marnienne* – vers 295 av. J.-C. 62
   • *L'épée et le fourreau : maîtrise des forgerons gaulois* 68
Mercenaire de la tribu des *Parisii* – *sac de Delphes, Grèce* – vers 280 av. J.-C. ... 74
Guerrier d'élite – *Italie du Nord* – vers 260 av. J.-C. 80
Guerrier de l'hétairie des Gésates – *bataille de Télamon, Italie* –
vers 225 av. J.-C. 88
   • *Séquence habillage* 92
Porte-enseignes – *bataille de Crémone, Italie* – vers 200 av. J.-C. 96
Guerrier du Norique – *l'invasion des Cimbres* – vers 110 av. J.-C. 102
Sonneur de carnyx – *centre de la France* – vers 60 av. J.-C. 106
   • *L'armée en marche - le bivouac* 111
Cavalier – *guerre des Gaules, plateau de Langres* – vers 52 av. J.-C. 116
Auxiliaire gaulois de l'armée romaine – *frontière du Rhin* – 10 av. J.-C. 122
   • *L'art de la guerre* 126

Glossaire 140
Bibliographie 141
Les associations de reconstitution protohistorique 142

Imprimé en France par CLERC s.a.s.
18200 Saint-Amand-Montrond en novembre 2007